Aider mon patron à m'aider

Couverture
- Illustration:
  MICHEL BÉRARD
- Maquette:
  MICHEL BÉRARD

Maquette intérieure
- Conception graphique:
  JEAN-GUY FOURNIER

Du même auteur: Le Bonheur au Travail, Formation 2000 Inc., Brossard, Qué. 1996

Émotivité et Efficacité au Travail, Formation 2000 Inc., Brossard, Qué. 1989

Courage et Discipline au Travail, Les Éditions de l'Homme, Montréal 1983

Ces livres peuvent être obtenus chez Formation 2000 Inc., 7495 rue Marisa, Brossard, Qué. J4Y 1J7. Téléphone: (514) 656-8269; Télécopieur: (514) 656-9206.

Eugène Houde

Aider mon patron à m'aider

FORMATION 2000 Inc.

7495 MARISA
BROSSARD, QUÉ., J4Y 1J7

Bibliothèque Nationale du Québec
Dépôt légal — 1er trimestre 1997

ISBN 2-9801368-6-7

*À Simon, mon fils aîné, toi qui
as déjà compris que tu t'aides
toi-même en aidant les autres.*

Introduction

Aider mon patron à m'aider se situe dans la même ligne de pensée que *Émotivité et efficacité au travail*, paru aux Éditions de l'Homme en janvier 1982. Mais alors que *Émotivité et efficacité au travail* avait pour but d'indiquer à des gestionnaires ce qu'il faut faire pour diriger efficacement des employés, et comment réussir à le faire, *Aider mon patron à m'aider* procède à l'inverse pour indiquer aux employés ce qu'il faut faire pour diriger efficacement leur patron, et comment réussir à le faire, en ne perdant jamais de vue que notre action, dans une entreprise, est guidée par les objectifs de cette entreprise.

Partant du principe qu'un patron est le premier assistant de son subordonné, j'essaie de démontrer, sous une forme qu'on peut rapprocher du roman à thèse, qu'un employé a grand intérêt à développer la maîtrise de lui-même pour mieux diriger son patron, et pour obtenir de meilleurs résultats au travail, et que l'approche émotivo-rationnelle s'avère particulièrement efficace à cet effet.

Or, l'approche émotivo-rationnelle comporte deux grands principes qu'on retrouvera tout au long de ce livre. Il s'agit de l'acceptation de ce qui ne dépend pas de nous dans la vie, et de l'action pour tout ce qui dépend de nous. Comme on le verra, l'acceptation se développe efficacement grâce à la confrontation des idées irréalistes que nous entretenons dans notre esprit et qui sont la véritable cause de nos émotions désagréables. Car, contrairement à la croyance populaire, et comme le démontre si bien Lucien Auger dans son livre *S'aider soi-même*, la cause des émotions ne se retrouve jamais dans les événements que nous vivons, mais plutôt dans les idées que nous développons nous-mêmes dans notre esprit à l'occasion de ces événements. Quant à l'action, nous avons intérêt à la planifier en tenant compte du fait qu'un patron vit lui aussi des émotions et qu'il est avantageux de le comprendre pour mieux l'aider.

Je souhaite que ce livre puisse aider quantité d'employés, à tous les niveaux de la hiérarchie des entreprises, qui se tracassent à propos des difficultés qu'ils rencontrent quotidiennement dans leurs relations avec leur patron.

Chapitre I

Mon patron ne sait pas ce qu'il veut

"J'ai plus de misère à diriger cinq femmes qu'à diriger deux cents hommes dans cette baraque! Les femmes sont toujours en train de pleurer. Elles se jalousent. Lorsque tu donnes une permission à une, les autres en veulent autant, et elles te harcèlent jusqu'à ce que tu cèdes. Ou bien elles pleurent, pleurent... oh la la! Un bon jour, l'une d'entre elles vient pleurer sur ton épaule. Le lendemain, c'est une autre. Quand l'une d'elles arrive en retard, tu peux être sûr que, peu après, les autres se permettront également des retards. À chaque fois que tu procèdes à une distribution ou à une redistribution de travail, il y en a toujours une pour trouver ça injuste! Vraiment, je te le jure, mon gros problème c'est la direction des femmes! Et je n'en ai pourtant que cinq à diriger, alors que je dirige deux cents hommes!"

Je n'en croyais pas mes oreilles lorsque moi, René, alors simple commis de bureau, j'entendis de tels propos de la bouche même du directeur général de la compagnie pour laquelle je travaillais, il y a plusieurs années. Il discutait ainsi avec un visiteur de l'extérieur pendant que je classais des documents près de son bureau. Je ne pouvais vraiment pas comprendre que cinq femmes causent plus de tracas que deux cents hommes à un directeur général. D'autant plus que, quant à moi, je les aimais bien ces cinq femmes. Elles étaient toutes très gentilles avec moi et elles me semblaient très efficaces dans leur travail.

Piqué toutefois par la curiosité, je me dis qu'il devait y avoir un fond de vérité dans ce que disait le directeur général. C'était un homme si intelligent et si brillant par ailleurs! C'est pourquoi je me mis à observer le comportement de ces cinq femmes avec lesquelles je travaillais de façon régulière. Et je constatai qu'il avait bien raison! Chacune était à l'affût de la moindre permission obtenue du directeur général par une compagne, pour lui en demander une à son tour, en renchérissant si possible. Les distributions ou redistributions de travail étaient toujours critiquées par l'une quand elles étaient acceptées par l'autre. En d'autres mots, aucune n'était jamais satisfaite, et je voyais parfois l'une des cinq sortir du bureau du grand patron, après avoir pleuré, les yeux encore rougis... Que c'est donc compliqué des femmes! Je me promis alors que, si jamais je devenais patron d'une entreprise, je ferais l'impossible pour n'y embaucher aucune femme, en contournant de mon mieux les lois sur la discrimination dans l'emploi.

Parallèlement à ce travail d'observateur, j'écoutais les remarques occasionnelles que ne manquaient pas de me faire mes cinq compagnes de travail sur le grand patron. À tour de rôle, elles me disaient: "Il ne sait pas ce qu'il veut! Il modifie constamment nos fonctions, de sorte que je ne sais jamais où je me situe! Le pire, c'est qu'il ne pense qu'à écouter les autres! Alors, il faut bien que je m'occupe moi-même de mes intérêts si je ne veux pas être écrasée par les autres filles!"

Avec le temps, je constatai que le problème auquel faisait face le grand patron ne résidait pas dans les cinq femmes qu'il dirigeait, mais plutôt dans les idées irréalistes qu'il entretenait, dans son esprit, à l'égard des femmes. L'approche émotivo-rationnelle, si bien décrite par Lucien Auger dans son livre *S'aider soi-même*, s'applique très bien, en fait, dans les milieux de travail (voir *Émotivité et efficacité au travail* par Eugène Houde). Quelle est donc l'idée irréaliste qui peut être à l'origine d'un comportement aussi curieux de la part d'un patron, comportement qui suscite des comportements tout aussi bizarres de la part des cinq femmes qui l'entourent? Eh bien, avec le temps, je crois bien avoir identifié cette idée irréaliste du patron. Je la formulerais comme suit: "J'ai absolument besoin que les femmes m'aiment."

En effet, si je suis un patron et que je me dis qu'il faut absolument que les femmes m'aiment, que j'ai besoin de leur amour et de leur considération à tout prix, je me dirai que ce sera abominable et effroyable, terrible et catastrophique si elles ne m'aiment pas. Je ne vaudrai plus rien: je serai un déchet, une nullité, un ver de terre. Avec de telles idées en tête, je serai prêt à abandonner tous les objectifs de la compagnie, ou tout au moins à réduire considérablement mes demandes pour faire plaisir à ces dames et faire en sorte qu'elles m'aiment. Je sacrifierai toute fermeté quant à ces objectifs aux mille et un caprices de celles que je veux pour adoratrices. Je deviendrai alors facilement un objet de manipulation pour toutes les personnes, femmes ou hommes, dont je désire désespérément être aimé. La seule façon, pour un patron, de cesser d'être un objet de manipulation pour un groupe d'employés, en l'occurrence ces cinq femmes, c'est de remplacer ses idées irréalistes par des idées rigoureusement réalistes, en changeant du même coup ses émotions.

Le processus de remplacement des idées irréalistes par des idées réalistes se réalise à travers une démarche de confrontation, démarche extrêmement simple qui se fait avantageusement par écrit avant d'en développer l'habitude mentale. Cette confrontation se déroule comme suit, en notant sur trois colonnes: l'événement, les idées irréalistes et la réalité. Voici donc la confrontation qui aurait convenu dans le cas de mon directeur général:

Événement	Idées irréalistes	Réalité
Je ne cesse de recevoir toutes sortes de demandes et de récriminations de la part des femmes.	Je dois absolument leur faire plaisir et faire en sorte que je sois aimé d'elles. J'ai absolument besoin de leur amour. Si elles ne m'aiment pas, ce sera la preuve que je ne vaux rien. Ma valeur est établie d'après ma cote d'acceptation auprès de ces femmes.	Je n'ai besoin de l'amour de personne. C'est très agréable d'être aimé et apprécié des autres, mais ce n'est en aucune façon absolument nécessaire pour vivre. Ma valeur comme personne ne change jamais et est indépendante de mes actes. Mon critère d'action, dans l'entreprise, ne réside donc pas dans le fait d'être aimé par les femmes, mais plutôt dans l'atteinte des objectifs de mon entreprise.

En se répétant qu'il n'a pas besoin d'être aimé des femmes pour vivre, mon directeur général n'aura plus l'esprit obnubilé par une idée irréaliste qui fait de lui un objet de manipulation pour les femmes et il ne se sentira plus obligé de compromettre continuellement les objectifs de l'entreprise pour faire plaisir à ces dames. Il pourra s'en tenir fermement à ces objectifs, ce qui n'empêche ni la communication, ni la compréhension à l'égard des autres, ni la flexibilité. Son véritable critère d'action résidera cependant dans les objectifs de l'entreprise, objectifs qui constituent à toutes fins utiles la morale de l'entreprise, puisqu'une morale est essentiellement une norme de l'agir. En usant de fermeté quant à ces objectifs, indépendamment du type d'individus, femmes ou hommes, auxquels il s'adresse, il ne sera plus un objet de manipulation. Il gagnera à être à l'écoute des intérêts de chacun, intérêts qui diffèrent selon qu'il s'agit d'hommes ou de femmes, de jeunes ou de vieux, de célibataires ou de gens mariés, mais il pourra maintenir les mêmes objectifs pour tous, avec la même fermeté. Ainsi, ses employés constateront que leur patron sait vraiment ce qu'il veut et où il va, et il se sentira lui-même beaucoup plus stable émotivement.

Quant à moi, le comportement de mon patron à l'égard des femmes de l'équipe du bureau de la direction n'était pas sans me causer des problèmes. Je pressentais assez facilement, lorsque les femmes rivalisaient entre elles pour être considérées ou favorisées par le patron, que moi, employé de bureau comme elles, je n'obtiendrais aucune faveur ou permission spéciale et que je serais traité comme les deux cents employés masculins de l'entreprise, avec la même fermeté. C'est pourquoi je n'embarquais pas dans leur jeu et je me gardais bien de demander aucune faveur spéciale. Toutefois, je ressentais cette situation comme une injustice à mon égard, et j'en voulais intérieurement à mon patron d'avoir deux poids deux mesures dans la direction de son personnel.

Cette même situation causait également des problèmes aux cinq femmes impliquées, puisqu'elles ne cessaient de répéter que le patron ne savait pas ce qu'il voulait. C'est donc signe qu'elles auraient préféré que ses objectifs soient connus et qu'il y tienne fermement. C'est parce qu'il tergiversait continuellement pour se faire aimer de chacune d'elles que le patron en arrivait à créer beaucoup d'insatisfaction dans le groupe des employés de bureau.

Que pouvais-je donc faire devant cette situation problématique qui entraînait une perte importante de motivation dans notre groupe? Remarquez que ce n'est qu'aujourd'hui que je me pose vraiment la question et que j'applique la philosophie émotivo-rationnelle à ce cas, après l'avoir appliquée partout dans ma vie, quoique de façon bien imparfaite, de façon bien humaine en somme.

Le premier pas consiste d'abord à trouver dans quelles circonstances je deviens agacé ou même perturbé émotivement par l'attitude de mon patron, comme lorsque je dis que "mon patron ne sait pas ce qu'il veut" et que cela me met en colère ou me rend agressif. En l'occurrence, ma colère est occasionnée par le fait que mon patron change continuellement d'objectif et qu'il ne sait pas être ferme et conséquent dans ses décisions.

Pourtant, est-ce bien la cause profonde de ma colère? Aucunement, car un événement, tel le comportement de mon patron, ne peut être que l'occasion de ma colère, et jamais sa cause. Quelle est donc la vraie cause de ma colère? Cette cause se trouve dans les idées que "charrie" mon esprit à l'occasion du comportement de mon patron. Je me dis en effet, intérieurement, que mon patron devrait traiter tout le monde sur le même pied, avec impartialité et justice, que c'est abominable et effroyable qu'un patron ne sache pas le faire, qu'il est donc ainsi la cause de mon malheur au travail. Je me dis également que mon patron ne devrait pas être le patron s'il démontre une telle ineptie et une telle faiblesse dans sa direction: il devrait être parfait ou laisser sa place à d'autres. Et je le condamne alors comme étant un mauvais patron: j'en fais même une mauvaise personne. Et j'ajoute que je ne mérite pas un tel patron, moi qui serais un si bon employé si seulement j'avais un bon patron. On voit tout de suite que de telles idées constituent un terrain propice à la colère et à l'agressivité. Le fait de me mettre de telles idées dans la tête me rendra agressif à l'égard du patron, soit que j'exprime cette agressivité extérieurement, soit que je la retourne contre moi-même et que je devienne un "faux doux" qui tente de démontrer continuellement un grand esprit de compromis pour éviter que sa "bouilloire" intérieure n'éclate.

Alors, qu'aurais-je donc intérêt à faire pour retrouver une stabilité émotive acceptable? Eh bien, rien de plus simple, même si c'est difficile et que ça exige du travail. Il s'agit simplement de chasser ces idées irréalistes et de les remplacer par des idées qui soient rigoureusement réalistes. Où est la preuve, dans la réalité, que mon patron devrait traiter tout le monde sur le même pied, avec impartialité et justice? Nulle part. Car mon patron n'est obligé à rien: il est une personne humaine libre, qui a entre autres la liberté de faire des erreurs. Comment serait-ce possible qu'une personne humaine ne marque jamais aucune préférence en rien et soit absolument juste et impartiale alors que, par définition, une personne humaine est un être imparfait qui ne pourra jamais atteindre l'impartialité et la justice parfaites? En quoi est-ce abominable et effroyable que mon patron ne sache pas être impartial et juste?... Il n'y a là rien d'abominable et d'effroyable, même si cela peut m'être désagréable. D'ailleurs, il n'est écrit nulle part dans la réalité que des choses désagréables ne devraient pas m'arriver à moi, alors que chacun a sa part de désagréments à chaque jour. Le fait de me dire que ça ne devrait pas m'arriver à moi ne fait qu'ajouter un désagrément supplémentaire à ces désagréments quotidiens. En quoi mon patron peut-il être la cause de mon malheur au travail? Il ne peut en aucune façon être la cause de mon malheur puisque mon malheur origine des idées folles que je me mets moi-même dans la tête, l'idée que mon patron devrait être parfait, qu'il devrait être bon pour moi, me considérer et me respecter. Pourquoi, de plus, ne devrait-il pas être le patron s'il démontre une telle ineptie et une telle faiblesse? Il n'y a rien, dans la réalité, qui indique qu'il ne devrait pas l'être puisqu'il l'est. La réalité est la réalité, et il n'est écrit nulle part que la réalité devrait être autrement. Pourquoi devrait-il être parfait, ou laisser sa place à d'autres? Il est impossible qu'il soit parfait, puisqu'il est un être humain, et les autres qui pourraient éventuellement prendre sa place seraient eux aussi imparfaits, même s'il est possible que d'autres patrons me plaisent plus que lui. Alors, pourquoi le condamner? Car à chaque fois que je condamne quelqu'un, je me rends malheureux en augmentant mon agressivité. Et enfin, en quoi mériterais-je un bon patron puisque, dans la réalité, ce qui arrive arrive, sans que jamais le mérite y soit pour quelque chose? Il serait peut-être beaucoup plus intéressant de me poser cette question: est-ce que je peux y changer quelque chose? Quelle action pourrais-je entreprendre, quels efforts me permettraient de changer une situation qui est désagréable pour moi? En quoi puis-je aider mon patron à m'aider?

Comme nous venons de le voir, c'est d'abord en m'aidant moi-même, par l'acceptation d'une réalité imparfaite, que je commence déjà à aider mon patron à m'aider. Pourquoi "aider mon patron à m'aider"? Parce que, en grande partie, le travail d'un patron consiste à assister ses subordonnés dans l'accomplissement de leurs objectifs. C'est d'ailleurs l'intérêt du patron d'agir comme le premier assistant de ses subordonnés étant donné que leurs objectifs font partie de ses objectifs. Donc, premier principe: acceptation du fait que la réalité dans laquelle je vis, au travail, soit imparfaite. Il n'y a rien de parfait en ce bas monde.

Mais je n'en reste pas là. Car si je désire que mon sort soit meilleur, j'ai intérêt à améliorer constamment une situation imparfaite. Je ferai donc tous les efforts requis, car ce n'est pas en me croisant les bras que j'augmenterai mes chances. Donc, deuxième principe: action pour améliorer ma situation.

Au point de vue de l'action, j'aurai d'abord intérêt à me questionner sur ce qui peut être le plus efficace. Serait-ce de blâmer le patron et de me plaindre dans son dos sans jamais lui en parler? Bien sûr que non, car le blâme ne donne jamais rien, qu'il soit adressé directement à la personne ou qu'il se fasse dans son dos par peur des représailles. Si le blâme est adressé directement au patron, il y a des chances que cela renforce sa propre tendance à se blâmer lui-même: il se dira alors que cela confirme ce qu'il pensait déjà de lui-même, c'est-à-dire qu'il n'est bon à rien, et il se sentira peut-être coupable et déprimé. Par ailleurs, s'il se dit que je n'ai pas le droit de le blâmer, que c'est effroyable et abominable, il fera une colère dont je subirai probablement les conséquences. Non, le blâme n'est vraiment pas la solution que je cherche. De même en est-il de me plaindre dans son dos, car ce genre de plaintes adressées à d'autres personnes que la personne intéressée donne rarement un résultat et risque même d'attiser la colère du patron, colère dont je serai l'objet si le patron vient à apprendre que j'ai parlé dans son dos. Et il me traitera probablement d'hypocrite en plus.

Je crois plutôt que la première étape de l'action consiste dans la compréhension du problème du patron. Acceptant que le patron soit lui-même un être humain, imparfait comme tous les êtres humains, je comprendrai qu'il a des forces, mais qu'il peut aussi avoir des faiblesses. Le secret de mon efficacité dans la relation que j'ai avec mon patron réside dans l'utilisation que je ferai de ses forces, et dans la neutralisation de ses faiblesses. Comprenant que l'idée irréaliste qu'il faut absolument que les femmes l'aiment est à la source de son manque de fermeté à l'égard des femmes qu'il dirige, je pourrai alors demander à le rencontrer. Je lui dirai que je comprends très bien qu'il est le patron et qu'il a le droit de diriger comme il l'entend, mais qu'il aurait vraiment intérêt à nous donner des directives claires et précises quant aux objectifs poursuivis s'il veut que la coordination soit efficace, dans le bureau, et que chacun sache vraiment où il va. J'insisterai alors sur le fait que *j'ai un problème* (je parle à la première personne) quant à une vision claire et nette des objectifs poursuivis, sur-tout lorsque ces objectifs semblent changer tous les jours, plu-tôt que sur le fait qu'il soit lui-même (la deuxième personne) à l'origine du problème, ce qui apparaît alors comme une accusation ou une évaluation et occasionne souvent une réac-tion plutôt agressive qui n'améliore pas la situation.

De plus, à chaque fois que j'entendrai une des femmes de l'équipe se plaindre que le patron ne sait pas ce qu'il veut, je lui demanderai quelle utilité elle voit à se plaindre. Pourquoi n'essaie-t-elle pas de s'entendre avec ses compagnes de travail, puis de proposer des solutions au patron. De la sorte, il ne se sentira détesté par aucune d'entre elles. Sa grande faiblesse sera ainsi neutralisée et nous chercherons ensemble à le faire intervenir dans le sens de ses forces. Mon intervention à l'égard de mon patron s'inspirera du cheminement général suggéré dans *Émotivité et efficacité au travail* (Eugène Houde), que j'illustre dans le schéma ci-contre:

J'explique brièvement ce schéma comme suit. Tous les êtres humains ont une valeur identique et stable. Ma valeur, comme être humain, ne changera jamais, peu importe ce que je fasse. Il est donc inutile de me culpabiliser ou de me déprimer à cause de mes erreurs. J'ai toutefois des forces, dont dépend mon efficacité au travail, qui relèvent principalement d'une bonne condition physique (santé, bonne alimentation, exercices physiques) et d'une bonne condition psychologique (stabilité émotive, maîtrise de soi). Ce n'est rien d'autre que ce que les anciens exprimaient dans leur *mens sana in corpore sano*, "un esprit sain dans un corps sain". Ces forces, notre bonne condition physique et notre bonne condition psychologique, sont elles-mêmes dirigées vers l'action, action dont la norme se retrouve dans les objectifs de l'entreprise lorsqu'il s'agit d'un milieu de travail.

Or, dans ma relation avec mon patron, j'ai avantage à prendre les objectifs de l'entreprise comme critère de mon action, car j'y trouverai un langage et des intérêts communs à moi-même, à mon groupe de travail et à mon patron. Dans une entreprise, nous avons tous intérêt, comme employés, à la réalisation des objectifs de cette entreprise pour maintenir sa vitalité et assurer sa survie. Cet intérêt demeure aussi longtemps que je suis un employé de l'entreprise car, le jour où je n'y vois plus aucun intérêt, je devrais normalement la quitter.

Je pourrai donc jauger la valeur de mes actes selon qu'ils favorisent ou non la réalisation des objectifs de l'entreprise. Je

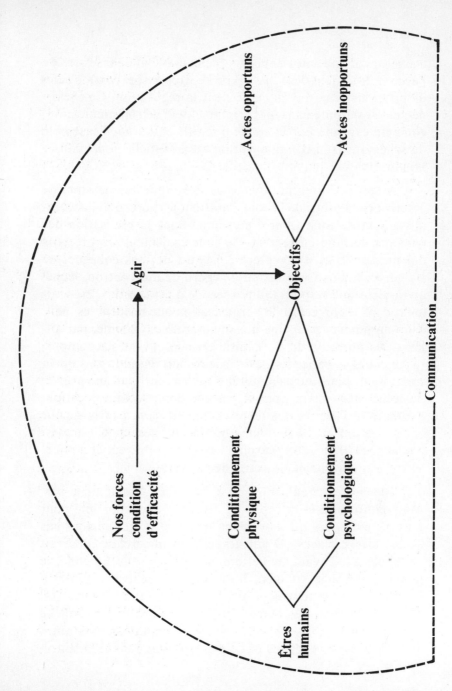

Nos forces
condition
d'efficacité

Agir

Objectifs

Actes opportuns

Actes inopportuns

Conditionnement
physique

Conditionnement
psychologique

Êtres
humains

Communication

21

classerai comme actes opportuns ceux qui vont dans le sens de l'accomplissement des objectifs de l'entreprise, et comme actes inopportuns ceux qui en empêchent la réalisation. Ce cheminement se déroule dans un contexte global de communication, contexte exprimé par le cercle pointillé entourant l'ensemble du schéma, car la communication est essentielle pour réaliser la coordination par les objectifs.

Ainsi, m'étant moi-même assuré d'une bonne stabilité émotive par l'usage de la confrontation, je chercherai l'accomplissement de mon intérêt personnel dans la réalisation des objectifs de mon entreprise. Ce sont également ces objectifs qui me serviront d'argument à l'égard de mes collègues de travail, et à plus forte raison à l'égard de mon patron, lequel a vraiment une responsabilité spéciale à cet égard. C'est vraiment dans les objectifs de l'organisation que résident les meilleurs arguments pour une action commune. Comme, par ailleurs, les objectifs de l'organisation ne peuvent s'accomplir, sur une longue période, que dans le respect des individus qui la composent, nous aurons intérêt à rechercher, par une grande flexibilité dans les moyens et par une bonne communication, l'atteinte d'objectifs qui représentent un gain à la fois pour l'organisation et les individus qui la composent. C'est ainsi que je peux aider mon patron à savoir ce qu'il veut et à poursuivre fermement les objectifs de l'organisation.

Illusion et irréalisme, me direz-vous? Absolument pas. Mais plutôt intérêt et esprit de décision. C'est possible pour tous les employés qui le veulent vraiment et qui ne sont pas encore des esclaves. D'ailleurs, même un esclave pourrait appliquer avec avantage cette approche, puisque Épictète, le grand philosophe stoïcien, lui-même un esclave, a réussi à l'appliquer avec tellement de bonheur qu'il a obtenu son affranchissement. Ses bonnes dispositions ont en effet amené son maître à le libérer. Et Épictète n'appliquait pas autre chose que les deux grands principes présentés dans ce chapitre:

action pour tout ce qui dépend de moi, et **acceptation** de tout ce qui ne dépend pas de moi. Ces deux grands principes se retrouvent sous une forme différente dans notre schéma, sous les termes: **objectifs** qui orientent notre action et **conditionnement psychologique**, référant à une bonne stabilité émotive et à l'acceptation des choses que nous sommes incapables de changer.

J'ai constaté que, dans les entreprises, les employés se fixent très rarement des objectifs et qu'ils ne s'impliquent pas vraiment dans l'accomplissement des objectifs de leur organisation. La très grande majorité sont d'une passivité étonnante et attendent que l'orientation de leur travail leur soit donnée, sans en rechercher eux-mêmes une expression et une définition précises. Ce n'est pas surprenant alors que les quelques exceptions qui se mettent résolument à la tâche et qui travaillent activement à mieux définir et poursuivre leurs objectifs en retirent presque à coup sûr des avantages très intéressants, à long terme, sinon en promotions de toutes sortes, à tout le moins en satisfaction professionnelle.

Encore faut-il que la poursuite de nos objectifs se fasse de façon systématique, et avec une détermination inébranlable. Il faut littéralement nous forcer à des gestes précis, en nous disant que chaque petit pas que nous faisons nous rapproche constamment de notre but. Il est possible que, parfois, notre but nous semble impossible à atteindre quand il disparaît dans un brouillard de difficultés et d'obstacles. Mais si nous continuons à avancer, avec prudence, nous savons qu'un jour ou l'autre nous parviendrons au but. C'est pourquoi il est important de nous obliger à faire ces petits pas, en décomposant les grands objectifs en objectifs plus modestes, et même en mini-objectifs. Je décomposerai ainsi mes objectifs annuels en objectifs mensuels, puis hebdomadaires, puis quotidiens et même horaires, et je me forcerai alors littéralement à l'action.

En conclusion, comment puis-je aider mon patron à m'aider quand il ne sait pas ce qu'il veut? D'abord en m'aidant moi-même et en essayant d'atteindre une stabilité émotive raisonnable grâce à la confrontation. Puis, grâce à cette stabilité émotive, en me posant la question à savoir quels sont les objectifs qu'il est souhaitable de poursuivre, pour mon entreprise comme pour tous ceux qui y travaillent, et en m'en servant comme critères de mon action. En essayant de comprendre mon patron, je saurai comment intervenir auprès de lui, avec tact et diplomatie, en utilisant comme arguments les objectifs que nous avons à poursuivre ensemble, pour obtenir des précisions, de la clarté et de la fermeté quant à la poursuite de ces objectifs. Inutile de brusquer les choses dans ce processus: la politique des petits pas, avec une grande ténacité, aboutit habituellement un jour ou l'autre à des résultats intéressants.

Chapitre II

Mon patron ne fait que parler

Guillaume, le directeur de l'administration dans un organisme gouvernemental où je fus embauché comme technicien en administration quelques années plus tard, était un bourreau de travail. Il était toujours si occupé qu'il ne savait jamais où donner de la tête. Très volubile, il parlait de façon rapide et saccadée et organisait réunion après réunion pour s'écouter parler. Il lui arrivait souvent de donner un rendez-vous qu'il devait annuler par la suite parce qu'il avait accepté un autre rendez-vous avec une autre personne à la même heure. Ou bien il tenait ses deux rendez-vous en même temps, en demandant à la première personne d'attendre dans son bureau pendant qu'il recevait une autre personne, soit disant pour quelques minutes seulement, dans la salle de conférences. Les employés travaillant sous son autorité étaient devenus très insatisfaits, d'autant plus qu'il avait créé beaucoup d'illusions lorsqu'il avait été nommé à cette fonction deux ans auparavant. Il avait alors réuni le groupe d'une dizaine de personnes relevant immédiatement de lui pour leur dire qu'il comptait sur chacune d'elles pour faire de la direction de l'administration une direction modèle, préoccupée du service à sa clientèle, et où l'on retrouverait un respect scrupuleux des échéances. Or, c'était précisément depuis sa nomination que les échéances n'étaient jamais respectées vu que quantité de documents requérant son approbation traînaient, soit sur son bureau, soit sur la liste des sujets à discuter, liste très longue par ailleurs car il exigeait qu'à peu près tout soit approuvé par lui. Cette exigence, si elle n'était pas toujours explicite, se sentait implicitement dans le fait qu'il prenne ombrage de ce que certains dossiers soient traités sans son approbation. Ses adjoints immédiats étaient devenus passifs, se disant que rien ne servait de travailler puisque, de toute façon, le résultat de leur travail resterait bloqué au bureau du patron. Quand ils lui demandaient une rencontre pour débloquer un dossier, Guillaume n'était jamais disponible, souvent occupé à des communications téléphoniques relatives à la présidence de son club social ou de l'association sportive de son patelin. Il travaillait comme un fou, et pourtant sa direction était paralysée. Et les ulcères d'estomac qu'il avait développés n'amélioraient pas son caractère.

Comme la direction de l'administration avait perdu de son attrait pour les employés, plusieurs demandaient et obtenaient des mutations dans d'autres directions ou d'autres organismes. Guillaume attribuait tous ces départs au fait qu'il était à la tête d'une direction difficile. C'est alors qu'il se mit à faire des promesses à gauche et à droite pour essayer de retenir les employés chez lui. Belles paroles... paroles qui cadraient d'ailleurs bien avec les promesses de prospérité et de progrès qu'il avait faites lors de son arrivée dans la direction de l'administration.

Que se passait-il donc en Guillaume pour qu'il chemine ainsi, irrémédiablement, vers un échec? Voici l'explication que je puis en donner, après l'avoir observé pendant longtemps. Guillaume était un hyperactif manquant totalement de discipline de travail, comportement qui peut s'expliquer souvent par une grande anxiété, par la peur de ce que les autres vont dire ou penser et par un sentiment de culpabilité.

Guillaume ne pouvait en effet rester tranquille deux minutes. De la sorte, il ne se donnait pas le temps de réfléchir afin de découvrir les actions les plus efficaces dans la poursuite et dans l'atteinte des objectifs de sa direction. Ce temps de réflexion, très important pour un gestionnaire, était considéré par Guillaume comme du temps improductif qu'il se serait senti coupable de soustraire à l'action. Et pourtant, ce temps de réflexion est un préalable essentiel à l'action. J'ai d'ailleurs constaté que, dans l'administration, il y a quantité de gens qui, comme Guillaume, se sentent coupables du moindre instant d'inactivité. Ils souffrent des conséquences de l'idée irréaliste suivante: "Il faut absolument que je travaille toujours, que je n'arrête pas un seul instant, sans quoi je serai sévèrement puni." Dans leur aveuglement, ils ne s'aperçoivent pas, même s'ils le savent et s'ils le disent, qu'il est important de réfléchir d'abord pour identifier les actions les plus propices à la réalisation de leurs objectifs.

Quelle confrontation aurait bien pu faire Guillaume pour chasser de son esprit cette idée irréaliste? Eh bien, il n'a qu'à se questionner systématiquement de la façon suivante. Qu'est-ce qui, dans la réalité, te fait croire qu'il faut que tu travailles toujours? Mais quelle est donc ta définition du travail? Crois-tu que le travail c'est de courir d'un service à l'autre, de parler sans cesse, de recevoir des gens ou d'organiser des réunions, de prendre des décisions concernant des détails sur quantité de dossiers pour montrer à tous que tu es très occupé et que tu mérites ton salaire? Crains-tu que, si les autres te voient un instant pensif ou songeur, ils te condamnent irrémédiablement et disent que tu es un paresseux et que tu gagnes ta vie à ne rien faire, que tu fais partie du petit nombre de privilégiés qui touchent un gros salaire sans aucun effort? Ne vois-tu pas que, de la sorte, tu agis de façon proprement névrotique puisque tu utilises les moyens les plus propices pour empêcher la réalisation de tes propres objectifs? Car, si tu veux atteindre tes objectifs, tu as d'abord intérêt à t'interroger sur les actions les plus susceptibles de t'en permettre la réalisation. Et, pour cela, il est important de te réserver quelques instants de répit, avant l'action et même dans l'action, pour élaborer ou ajuster au besoin ta stratégie. Le temps est en effet une denrée tellement précieuse, pour un gestionnaire, qu'il a intérêt à se poser des questions quant à la meilleure utilisation qu'il peut en faire. Car ce n'est pas tout pour un gestionnaire d'être actif, encore faut-il qu'il pose les bons gestes, des gestes efficaces. Rien ne lui sert en effet de prendre l'avion pour Paris s'il veut se rendre à New York. Quant à toi, Guillaume, tu as peut-être l'impression de gagner ton salaire en travaillant comme un fou, mais ne réalises-tu pas que tu ne fais pas ce pourquoi tu as été embauché? Car tu es directeur de l'administration pour servir ta clientèle et lui fournir quantité de services, en coordonnant les efforts des employés de ta direction vers le service à cette clientèle. Et tu n'y arriveras pas en travaillant à leur place, en te réservant toutes les décisions concernant des détails, en bloquant les dossiers dans ton bureau, en parlant sans cesse dans les réunions et en faisant toutes sortes de promesses à tort et à travers. Ne réalises-tu pas que tu es en train de te faire du tort à toi-même?

En se parlant ainsi, Guillaume pourrait réussir à ne plus se sentir coupable du moindre instant d'inaction. Il pourrait alors se poser tranquillement la question à savoir quelles actions seraient les plus souhaitables pour atteindre ses objectifs. Il prendrait soin de subdiviser ses objectifs à long terme en objectifs annuels, mensuels, hebdomadaires et quotidiens, pour se forcer ensuite lui-même à la réalisation des actions qu'il aurait choisies, et cela à chaque jour, inlassablement. Et il pourrait alors cesser d'exaspérer son équipe de travail avec son hyperactivité apparente mais inutile.

Cette hyperactivité était lourde et désagréable pour toute l'équipe dirigée par Guillaume. Et moi-même, dans mon poste de technicien en administration, je me sentais souvent paralysé dans mon action. Comme je relevais immédiatement d'un chef de service qui, lui, relevait directement de Guillaume, je souffrais également de la passivité grandissante de mon chef immédiat.

Que pouvais-je donc faire pour aider mon patron à m'aider? Je résolus que le premier pas résidait dans l'acceptation d'une réalité imparfaite. Quelles idées entretenais-je donc dans mon esprit pour me sentir souvent agressif devant la passivité grandissante de mon chef immédiat et devant l'hyperactivité et le manque de discipline personnelle de Guillaume? Je me disais que mon chef ne devrait pas être aussi passif, et que Guillaume lui-même ne devrait pas être hyperactif et aussi indiscipliné. Tous les deux étaient condamnables, selon moi, puisqu'ils ne faisaient pas ce qu'ils auraient dû faire. Mais mon agressivité à leur égard me rendait malheureux. Comme je savais que l'agressivité est une émotion désagréable causée par l'idée irréaliste que les autres devraient faire ce que je veux ou qu'ils ne devraient pas faire ce que je ne veux pas, et comme j'avais identifié une telle idée irréaliste dans mon esprit à l'égard de mon chef immédiat et de Guillaume, il ne me restait plus qu'à chasser une telle idée en la confrontant avec la réalité. Or, que me dit la réalité à ce sujet? Que mon chef immédiat a la possibilité, donc un droit inscrit dans sa nature de personne humaine libre, d'être passif dans son travail. De plus, Guillaume a entièrement le droit d'être hyperactif et indiscipliné comme directeur de l'administration. D'ailleurs, la meilleure preuve qu'ils ont tous deux ce droit est qu'ils l'exercent dans la réalité. S'ils ne pouvaient être passifs ou hyperactifs, ils ne le seraient tout simplement pas. S'ils étaient obligés de faire ce que je veux, ils ne pourraient tout simplement pas faire autrement. Or, je constate bien, dans la réalité, qu'ils peuvent agir contrairement à mes volontés. C'est peut-être désagréable pour moi, mais ça ne peut être abominable. C'est ça la réalité, et je ne peux rien y changer en ce qui concerne le passé et aussi longtemps que tous deux continueront d'agir comme ils agissent. J'arrivai ainsi, par la confrontation, à accepter une réalité qui, pour moi, représentait quelque chose de très imparfait.

Toutefois, me disais-je, je peux peut-être changer quelque chose pour l'avenir, par mon action, et en partant de leurs intérêts. Car, s'il est vrai que personne ne peut motiver autrui, on peut toujours chercher à faire en sorte que les autres se motivent eux-mêmes en essayant de leur faire voir leur intérêt personnel. Qu'est-ce en effet que la motivation si ce n'est la vision soutenue de son propre intérêt? Quelles actions sont les plus appropriées, de ma part, pour aider mon patron à m'aider?

Le premier pas, dans une telle situation, est d'essayer de comprendre ce qui se passe. Comme Guillaume semblait constamment anxieux dans son hyperactivité, je pouvais facilement deviner qu'il sentait des menaces autour de lui, menaces devant lesquelles il se sentait incompétent. Quelles étaient ces menaces? Peur de ce que son patron penserait, peur de ne pas obtenir des résultats convenables, peur d'être pris en flagrant délit dans un moment d'inaction, peur de donner le mauvais exemple d'un chef qui ne travaille pas fort? Même si je ne pouvais mettre le doigt exactement sur les menaces précises entretenues dans son esprit par Guillaume, je savais qu'il se sentait sûrement menacé puisqu'il démontrait tellement d'anxiété. Et, devant ces menaces, il en était probablement à se dire que c'était abominable et effroyable de vivre une telle situation, qu'il n'arriverait jamais à réaliser quelque chose de valable, que son patron et ses subordonnés constateraient sûrement un jour jusqu'à quel point lui-même, Guillaume, était incompétent et combien il méritait d'être condamné pour sa piètre performance. Devant de telles idées, Guillaume ne pouvait que continuer à se dire qu'il fallait qu'il travaille encore dix fois plus fort pour faire en sorte que les autres ne puissent s'apercevoir de son désordre émotif et l'accuser de ce dont lui-même s'accusait, en se condamnant perpétuellement dans son for intérieur.

Comprenant cette situation vécue par Guillaume, je comprenais également la situation vécue par mon chef immédiat, et la passivité dans laquelle il s'installait progressivement. Il se disait probablement: c'est Guillaume qui est le chef et il n'y a rien à faire. Il veut tout approuver. Il est désordonné et indiscipliné, et je ne peux rien faire devant une telle situation car je ne suis pas assez puissant pour le forcer à changer. Je suis totalement incapable de réagir devant une telle situation. Inutile de travailler et de faire des efforts: ça ne changera rien, car Guillaume annihile tous mes efforts. Que je suis donc malheureux et malchanceux d'avoir un tel patron!

Je comprenais donc assez bien, selon moi, la situation émotive de Guillaume ainsi que celle vécue par mon chef immédiat. De plus, j'acceptais, après la confrontation à laquelle je m'étais livré, que cela constitue pour moi une situation désagréable, mais aucunement abominable, et que je n'aie aucun droit d'exiger que la situation soit parfaite.

Dans un tel état d'esprit, je pus intervenir efficacement auprès de mon chef immédiat. Comme je le comprenais, et que je comprenais aussi Guillaume, et comme j'acceptais que la situation soit imparfaite, mon intervention ne fut aucunement agressive ni accusatrice. Tous deux avaient parfaitement le droit d'agir comme ils le faisaient, mais ils devaient en assumer les conséquences. Et ces conséquences étaient très désagréables pour eux-mêmes et pour les autres. Ma tâche devenait donc facile, même si elle était délicate, car j'adoptais l'attitude correcte, une attitude des plus empathiques.

Sur quels critères devrais-je baser mon intervention? Les seuls critères valables sont l'objectif général de mon organisation et les objectifs spécifiques de mon service, lesquels découlent eux-mêmes de l'objectif général. Je m'attachais donc systématiquement à poser à mes supérieurs, jour après jour et inlassablement, cette question fondamentale: est-ce que nous faisons les bonnes choses pour atteindre efficacement nos objectifs? Je les questionnais avec ténacité, préoccupé d'obtenir des résultats concrets qui puissent faciliter ma tâche et améliorer mon efficacité. Je constatai assez vite que ma question dérangeait considérablement mon chef immédiat, même si je la posais sans agressivité aucune. C'est pourquoi j'insistai en parlant toujours de *mon* problème (parlant à la première personne plutôt qu'à la deuxième personne, pour qu'il ne se sente pas accusé d'en être la cause): notre passivité générale devant l'hyperactivité de Guillaume contribuait à une réalisation très diminuée de mes objectifs. Quand mon chef immédiat me répondait que cela dépendait de Guillaume, que c'était lui le patron et qu'il n'y était lui-même pour rien, je revenais à la charge en lui disant: es-tu bien sûr qu'il n'y a rien à faire? Tu peux toujours aller voir Guillaume. Tu lui dis d'abord que, bien sûr, c'est lui le patron, et que tu n'as pas à prendre les décisions à sa place. Tu peux ensuite faire ressortir ses intérêts, lui montrer que nous ne pouvons respecter nos échéances quand nous devons attendre sa décision sur des éléments secondaires et que nous avons ainsi beaucoup de difficultés à rencontrer nos objectifs. Notre problème devient ainsi le sien, et nous lui demandons son appui.

De plus, j'incitai mon chef immédiat à faire lui-même ce que je faisais dans ma fonction, c'est-à-dire aller aussi loin que me le permettaient les limites de ma description de tâche sans demander de permissions. Je prenais ainsi de plus en plus d'initiatives, et mon chef immédiat fit de même, chacun à la limite de nos descriptions de tâche sans que Guillaume y porte aucune attention. Nous avions convenu, mon chef immédiat et moi, que si quelque critique venait de Guillaume face au fait qu'il soit moins informé, nous essayerions alors de le flatter en attribuant nos nombreuses initiatives à son ouverture d'esprit et à sa volonté d'efficacité comme directeur de l'administration. Guillaume nous blâma bien pour quelques erreurs que nous avons faites, nous disant que nous aurions dû le consulter avant d'agir, mais nous prenions alors toute la responsabilité de notre action, lui disant que c'était notre faute, mais que nous ne voulions pas fuir devant nos responsabilités, et qu'une telle erreur ne se reproduirait plus maintenant que nous avions été si bien éclairés par lui. Cela flattait son ego et nous permettait de continuer de prendre des initiatives, d'augmenter l'efficacité du service et indirectement aussi l'efficacité de la direction. Et quand des gens passaient des remarques sur le fait que nous étions bien efficaces, nous répondions que c'était parce que nous avions un bon directeur. Cela plaisait à Guillaume, et nous pouvions enfin agir efficacement et à notre guise.

Oh, je sais bien que ce n'est pas idéal comme fonctionnement, mais au moins nous pouvions fonctionner. L'idéal aurait été que Guillaume travaille lui-même à confronter ses idées irréalistes, qu'il choisisse après réflexion les actions les plus souhaitables pour la réalisation des objectifs de sa direction et qu'il se discipline lui-même dans l'action. Ç'aurait été l'idéal, bien sûr, mais nous avions à vivre avec un patron imparfait, et c'est d'ailleurs le cas de tous les patrons puisqu'ils sont des êtres humains. Nous avons décidé, en fait, que nous acceptions l'imperfection de notre patron. Nous ne voulions aucunement l'accuser ni le blâmer de quelque façon que ce soit, puisque le blâme n'avance jamais à rien. Nous avons plutôt essayé de l'utiliser à bon escient, dans le sens de ses forces, pour mieux nous soutenir lorsque nous avions besoin de lui. Le fait que nous lui demandions son appui, à l'occasion, le flattait, et il y mettait alors toute son ingéniosité et son talent, motivé par le prestige qu'il en retirait. Manipulation me direz-vous! Si vous voulez, mais je ne vois aucune objection à manipuler ainsi son patron pour un meilleur accomplissement des objectifs de l'organisation. Il ne s'agit en fait que d'utiliser un patron dans le sens de ses forces, pour de meilleurs résultats dans l'atteinte des objectifs de ses subordonnés, ce qui correspond précisément à la raison d'être d'un patron. Nous avons ainsi grandement amélioré le fonctionnement de notre direction, par la fermeté dans la poursuite de nos objectifs et en utilisant littéralement Guillaume pour nous aider.

En fait, rien ne sert de pleurnicher et de dire que nous vivons dans des services difficiles, avec un patron qui ne fait que parler mais qui ne sait pas vraiment agir. Est-ce que c'est la situation que je vis présentement? Est-ce qu'il y a possibilité pour moi de changer d'emploi? Si oui, et que ça m'intéresse, je n'ai qu'à me mettre à la recherche d'un nouvel emploi, mais j'aurai toujours le problème de continuer à vivre, jusqu'à ce que je trouve un tel emploi, dans ce milieu désagréable. Auquel cas, la solution la plus intéressante pour moi est de me satisfaire de mon emploi, dans toute son imperfection et avec un patron que je considère désagréable. Cette solution s'impose encore avec plus de force si je décide de ne pas chercher d'autre emploi. J'ai grand intérêt alors à accepter une réalité pleine d'imperfections tout en travaillant activement pour améliorer cette situation.

Et si je me pose honnêtement la question: qu'y a-t-il à faire pour aider mon patron à m'aider? Comment, en fait, puis-je vivre et être le plus efficace possible avec un patron hyperactif et beau parleur? Il y a de fortes chances que les possibilités d'action soient si nombreuses et si diverses que je n'aie jamais le temps de les essayer toutes, et que la situation s'améliore avec le temps grâce à la fermeté que je démontrerai dans mon action, en ne perdant jamais de vue mes objectifs.

Pour être moi-même efficace dans l'action, j'aurai intérêt à ne pas répéter les erreurs que je suis tenté de reprocher à mes patrons. J'aurai avantage à me donner des priorités, sachant qu'un être humain n'est efficace qu'en se concentrant sur une seule action à la fois. Je saurai que, pour ce faire, je dois mettre de côté certaines autres actions et choisir ce qui est le plus efficace, et pas nécessairement ce que je préfère. J'envisagerai mon intérêt à long terme et non à court terme. Et, à long terme, j'ai la plupart du temps avantage à réaliser les objectifs de mon organisation en y adhérant étroitement pour en faire mes objectifs personnels. J'ai donc intérêt à être réaliste et actif.

Plusieurs employés, devant un patron hyperactif et beau parleur, ont tendance à vouloir se venger et lui donner des leçons: absentéisme, retards, sabotage, etc. Plutôt que de se venger ainsi, pourquoi ne pas utiliser les procédures de plaintes ou de griefs existant dans de nombreuses entreprises, lorsque le dialogue direct ne donne aucun résultat. Mais encore là, il est important, pour qu'elles soient efficaces, que ces procédures soient utilisées sans agressivité et sans esprit de vengeance, car elles se retournent souvent contre ceux qui les utilisent mal. Si elles sont bien utilisées, elles ajoutent à la fermeté qui est souhaitable dans la poursuite de nos objectifs.

En conclusion, comment puis-je aider mon patron à m'aider quand il est un beau parleur, un hyperactif qui ne passe pas à l'action efficacement? D'abord, en m'aidant moi-même grâce à la confrontation, en me disant dans mon for intérieur que mon patron ne peut être parfait et qu'il n'est pas obligé de me faire plaisir. J'accepte alors une situation qui est nécessairement imparfaite, et je réfère au grand principe de la philosophie émotivo-rationnelle: l'acceptation de tout ce qui ne dépend pas de moi. Puis je passe à l'action, d'abord en essayant de comprendre mon patron, et ensuite en me posant une simple question: quels sont les actes que je peux poser qui seraient susceptibles d'améliorer la situation? Et comme critère moral de mon action, je ne perds jamais de vue les objectifs de mon organisation.

Chapitre III

Mon patron
n'est pas réaliste

L'année suivante, j'étais toujours technicien en administration dans la direction de l'administration dont Guillaume était encore le directeur. Je changeai toutefois de supérieur immédiat, mon chef de service ayant réussi à se qualifier pour une promotion dans une autre direction. C'est alors que Philippe, "un homme à défi perpétuel", devint mon nouveau supérieur immédiat. Préoccupé de ses objectifs, Philippe les modifiait pourtant constamment, les élargissant même après les avoir communiqués à notre équipe de travail, équipe constituée d'une trentaine de personnes. L'attitude perfectionniste de Philippe était d'ailleurs accentuée par l'influence perturbatrice de son chef immédiat, Guillaume, lequel manquait toujours de discipline personnelle.

Je vivais alors, comme le reste de l'équipe, sous un stress perpétuel. Il fallait toujours que nous soyons les meilleurs. Nous devions constamment trouver de nouveaux défis alors même que nous n'avions pas encore relevé les défis déjà établis, ce qui nous empêchait de planifier notre action et nos stratégies. Et quand nous avions réussi quelque chose correspondant à une partie du défi, Philippe semblait s'apercevoir qu'il n'avait pas choisi un défi assez élevé, et il rajoutait alors des demandes additionnelles sans même nous féliciter pour les résultats déjà obtenus. Un défi n'attendait pas l'autre.

Comme Philippe n'était jamais satisfait et que ses objectifs étaient de plus en plus farfelus, je devins vite irritable et fatigué. J'avais en effet à coeur de bien accomplir mon travail, mais je n'avais plus un instant pour souffler. Cette situation m'occasionnait même beaucoup de tension à la maison. Souvent cela m'empêchait de dormir. Je souhaitais de plus en plus me trouver un autre travail ailleurs, mais les postes correspondant à mon classement et à mon niveau de salaire se faisaient plutôt rares et je n'étais pas prêt à sacrifier quoi que ce soit sur ce point.

En conséquence, mon cher René, me dis-je, tu n'as qu'à reprendre en main ta stabilité émotive et à voir clair en toi-même et dans tes objectifs. Mais à qui te raccrocher comme guide, puisque ton supérieur immédiat et ton supérieur hiérarchique sont tous deux perdus dans la brume? Ne va surtout pas les choisir pour guides, car tu te retrouveras dans la situation d'un aveugle conduit par un autre aveugle. Aussi bien faire appel à un de ces merveilleux chiens d'aveugles, animaux précieux qui donnent des yeux à ceux qui n'en ont pas. C'est pourquoi je me raccrochai encore à la philosophie émotivo-rationnelle, philosophie qui me sert de chien-guide lorsque je suis dans le noir.

Mon premier pas, j'y pensai tout de suite, consistait à me reprendre en main psychologiquement et à accepter une réalité que je trouvais plus que désagréable. Qu'étais-je donc en train de me dire, intérieurement, pour être tellement perturbé émotivement? Je relevai d'abord cette première idée que je me répétais sans cesse: Philippe ne devrait pas être aussi exigeant pour moi et pour les autres. Qu'il garde donc ses exigences pour lui-même et qu'il cesse de me harceler ainsi avec ses objectifs impossibles à réaliser. Philippe n'a pas le droit de nous donner ainsi des défis perpétuels et irréalisables à relever dans des délais tout à fait irréalistes. Je confrontai cette idée comme suit: Philippe ne peut être parfait, puisqu'il est tout simplement un être humain. En fait, c'est tout à fait irréaliste de ma part d'exiger que mon patron soit parfait. Et Philippe a entièrement le droit de me soumettre des défis impossibles et irréalistes. Il en a la possibilité, c'est donc que ce droit est inscrit dans sa nature d'être humain. Autrement, il ne pourrait tout simplement pas le faire. Or, précisément, il le fait, même si cela ne correspond pas nécessairement à son intérêt véritable, et même si je n'aime pas qu'il le fasse. Le fait de me dire intérieurement que Philippe avait le droit d'agir à sa guise, même si ça ne me plaisait pas, m'amena un peu de tranquillité intérieure. Lorsque la réalité n'est pas à la hauteur de nos rêves, nous avons plus de chances d'être heureux en ramenant nos rêves à la hauteur de la réalité. Ce qui, toutefois, ne nous empêche pas de continuer à rêver en reportant la réalisation de nos désirs sur une longue période, à plus longue échéance et en tenant compte de nos contraintes.

Mais je me sentais encore perturbé émotivement. Je pensai alors à une seconde idée que je me répétais intérieurement: je dois relever tous les défis que me donne Philippe. Et si je ne les relève pas, je serai condamné comme n'étant pas digne de travailler en administration. Je perdrai même toute valeur comme être humain. Peu importe que ses défis soient irréalisables, il faut que je les relève. Quand je regardai la réalité pour confronter cette idée irréaliste, j'en arrivai à me dire que rien ne m'obligeait à relever tous les défis que me donnait Philippe. La meilleure preuve que rien ne m'y obligeait, c'est que j'avais la possibilité physique de ne pas les relever et que, de fait, je ne les relevais pas tous. Je n'en étais pas du tout condamnable pour autant: pourquoi alors me sentir coupable? C'est en me répétant intérieurement que rien ne m'obligeait à relever tous les défis que je cessai de me sentir coupable.

Pourquoi alors est-ce que je me sentais encore mal dans ma peau et que mon trouble émotif ne s'était pas encore complètement estompé? Il fallait forcément que je maintienne dans mon esprit une idée irréaliste. Or, je savais que, si je réussissais à identifier une telle idée, je pourrais la combattre par la technique de la confrontation. Je pensai que cette idée pouvait être la suivante: ne pas relever les défis que me dicte Philippe me ferait courir un grand danger, et je suis tout à fait incapable d'affronter un tel danger. On pourrait en effet essayer de me monter un dossier disciplinaire pour me discréditer dans l'organisation, m'empêcher d'obtenir des promotions et même me congédier. Or, je ne pourrais supporter une telle situation. Ce serait effroyable et abominable. Comment donc confronter une telle idée? Il s'agit d'abord de regarder bien en face la situation pour voir s'il y a vraiment un danger, ce que j'essayai de faire immédiatement. Quelles sont les probabilités, me demandai-je, qu'on bâtisse contre toi un dossier disciplinaire? N'accomplis-tu pas ton travail actuel de façon satisfaisante, et ce depuis plusieurs années? Dans de telles circonstances, les arguments pour des mesures disciplinaires doivent être drôlement pesants. Les objectifs qu'on te donne ne sont-ils pas des défis impossibles à relever dans bien des cas? Si telle est la situation, la preuve ne sera pas bien difficile à faire que ces objectifs étaient tout à fait irréalisables, et à l'impossible nul n'est tenu. Supposons même qu'on réussisse à établir contre toi un dossier fortement étayé et que cela t'empêche d'obtenir des promotions futures, en quoi cela serait-il effroyable et abominable? C'est peut-être désagréable, bien sûr, mais une promotion n'est nullement essentielle à une vie bien remplie et heureuse, même si tu considères les revenus additionnels que cette promotion pourrait t'apporter. Regarde autour de toi: beaucoup de gens aux revenus modestes sont beaucoup plus heureux que d'autres personnes beaucoup plus riches.

Mais, incidemment, ne crains-tu pas que ta valeur, comme personne humaine, soit affectée par le fait que tu n'aies pas de promotions et que ton salaire n'augmente pas aussi vite que tu pourrais l'espérer? Ta valeur serait-elle alors reliée au salaire que tu gagnes? Absurde, tout à fait absurde comme idée. Comment, en effet, ma valeur comme individu pourrait-elle être reliée à une somme d'argent que je gagne? Bien des gens très riches ont été ruinés, du jour au lendemain, dans des guerres, dans des incendies ou dans toutes sortes d'autres événements du genre, et cela ne les a pas empêchés de continuer à vivre, malgré ces difficultés. Comment l'avoir pourrait-il influencer la valeur de l'être? Non, je ne peux vraiment pas partir de quelque chose qui est extérieur à mon être pour me l'approprier et m'en servir comme critère de ma valeur personnelle. Aussi bien partir du postulat que je vaux ce que je vaux, si je vaux quelque chose, et que jamais rien ne pourra jamais changer ma valeur. De la sorte, je ne serai pas porté à me morfondre pour augmenter ma valeur en augmentant mes avoirs, et je ne me sentirai pas diminué lorsque diminueront mes avoirs. Je chercherai plutôt à bien identifier mes préférences, puis je travaillerai dans ce sens.

En examinant une à une toutes les éventualités, je réalisai que chacune ne présentait pas de danger très grand et que, en réalité, j'avais développé beaucoup d'anxiété de façon tout à fait gratuite. C'est ainsi que je complétai un travail de confrontation qui me permit de me sentir bien dans ma peau. Cela voulait-il dire que je trouvais la situation agréable et que je devais sauter au plafond pour exprimer toute ma joie? Pas du tout, car je continuais de trouver ma situation très désagréable, mais elle n'avait plus le caractère dramatique que j'y ajoutais antérieurement. J'étais peut-être encore triste d'avoir à supporter une telle situation, mais je ne me sentais plus agressif, coupable, anxieux et déprimé. Ayant retrouvé une bonne stabilité émotive, je me sentais maintenant prêt à passer à l'action et beaucoup plus fort pour travailler à la poursuite de mes objectifs. J'étais devenu réaliste. Il me fallait maintenant être actif et déterminé si je voulais atteindre les objectifs que je poursuivais. J'acceptais que ma situation ne soit pas parfaite, mais j'étais prêt à faire quelque chose pour l'améliorer.

Il me fallait maintenant rechercher les actions les plus susceptibles d'améliorer ma situation. Parmi toutes les actions possibles, celle qui me sembla prioritaire fut de développer de l'empathie à l'égard de mon patron et d'essayer de mieux le comprendre en me mettant à sa place. Je pouvais maintenant être à l'écoute de ses sentiments vu que j'avais retrouvé une bonne stabilité émotive. Je me demandai donc comment il se faisait que Philippe soit perfectionniste, et quelle idée irréaliste pouvait bien habiter son esprit pour qu'il poursuive sans cesse des défis démesurés et qu'il dicte de tels défis aux employés qu'il dirigeait. Je constatai qu'il semblait continuellement vouloir prouver aux autres et à lui-même qu'il était bon et que sa valeur devait toujours être étayée par de grandes réalisations, par des résultats éclatants qui puissent faire l'envie de tous et susciter chez les autres beaucoup d'admiration. Il ne cessait de répéter: "C'est à nous de bâtir notre image! Il faut continuellement nous surpasser! Un défi n'est jamais assez grand!" Il ne s'apercevait pas que ces énoncés, loin de motiver les employés qu'il dirigeait, contribuaient plutôt à les apeurer graduellement, chacun se disant que Philippe ne serait jamais satisfait puisqu'il ne complimentait personne et qu'il s'empressait plutôt d'ajouter un nouveau défi dans l'éventualité qu'un objectif soit déjà atteint. L'idée irréaliste à la base d'un tel comportement était donc probablement la suivante: il faut absolument que je prouve aux autres combien je suis bon. Or, si je ne réalise pas de grandes choses, des défis hors de la portée du commun des mortels, j'aurai prouvé à tous que je ne vaux rien et que je ne mérite pas les fonctions de responsabilité qu'on me confie.

Devant une telle idée irréaliste, quelle confrontation aurait pu être bénéfique pour Philippe? Il n'avait qu'à constater que, dans la réalité, sa valeur ne pouvait aucunement être influencée ni par ses actes ni par ses avoirs, ces choses étant extérieures à sa personne. Il est évident que, en posant des gestes opportuns en regard de l'accomplissement de ses objectifs, Philippe avait plus de chances d'être efficace dans son action. Toutefois, cela ne le rendait aucunement plus valable comme personne humaine. Et il ne pouvait sûrement pas, à plus forte raison, augmenter sa valeur en choisissant des défis qui ne répondaient même pas aux plus élémentaires probabilités statistiques relativement à leur réalisation. Loin de l'aider à se construire une image, image qui est d'ailleurs plutôt nuisible qu'utile puisqu'il ne travaille plus à faire ce qu'il aime mais plutôt ce qui paraît bien, choisir des défis irréalisables contribuait à le faire voir comme un idéaliste et un rêveur incapable d'avoir les pieds sur terre. Philippe n'avait donc qu'à constater que, dans la réalité, jamais rien ne peut changer sa valeur intrinsèque, comme personne humaine, tous les critères que sont les résultats obtenus, les gestes posés et les possessions ne constituant que des critères de sa valeur extrinsèque. Constatant une telle réalité, Philippe aurait pu travailler à réaliser ce qu'il aimait, dans une saine perspective de poursuite de ses intérêts personnels envisagés à long terme, plutôt que de viser des gains hypothétiques relatifs à son image.

Quant à moi, la position empathique que je venais d'adopter à l'égard de Philippe me permettait de mieux l'influencer à l'avenir car, en le comprenant mieux, je pouvais vraisemblablement, et sans me laisser manipuler par lui, trouver de meilleurs arguments pour faire ressortir ses véritables intérêts personnels. Ayant accepté qu'il soit imparfait et différent de moi et qu'il ait pleinement le droit d'agir comme il agissait, je n'étais plus porté à l'accuser directement ou indirectement, car il est difficilement évitable que ma réaction influence mon patron. Je pourrais plus facilement découvrir ses forces et lui demander de m'appuyer dans mon travail. J'utilise ainsi les forces de mon patron pour mieux m'aider. Ce principe, appliqué en relations humaines dans les milieux de travail, ressemble fort au principe appliqué dans certains sports où l'on utilise la force et l'effort de l'adversaire pour mieux le vaincre. Encore de la manipulation me direz-vous? Appelez ça comme vous le voudrez, mais jugez cette approche d'après son efficacité: quant à moi, j'y vois du respect pour le patron. Le respect d'une chose ou d'une personne ne consiste-t-il pas en effet dans l'utilisation et le plein accomplissement de ses possibilités?

Armé d'une telle vision, je décidai de travailler activement à la réalisation complète des objectifs réalistes que me donnait Philippe, tout en résistant fermement à ce qu'on m'impose systématiquement des objectifs irréalisables. À chaque fois qu'on me confiait un mandat, je me posais d'abord la question: ce mandat aide-t-il à la réalisation des objectifs globaux de mon service? De plus, ce même mandat aide-t-il la direction de l'administration dans la réalisation de ses objectifs globaux? Lorsque je pouvais répondre oui à cette question, je consacrais tous mes efforts à la tâche.

Si, par ailleurs, je ne pouvais trouver un lien évident entre le mandat qui m'était confié et l'objectif général du service, j'allais trouver Philippe pour lui demander des explications. Je lui disais que, bien entendu, c'était lui le patron, et que je ne demandais pas mieux que de faire avancer le service. Mais était-ce bien dans son intérêt, était-ce utile pour lui-même et son service d'emprunter une telle voie? J'essayais de susciter une saine réflexion quant aux moyens utilisés pour la réalisation de nos objectifs. Souvent, il nous arrivait de prendre les mauvais moyens, ce qui nous éloignait des buts visés. Mon attitude en était une d'aide véritable et d'empathie. Philippe m'écoutait de plus en plus. Nous en arrivions à des compromis acceptables et je m'attachais ensuite à respecter le plus intégralement possible sa décision finale.

Je m'aperçus ainsi, avec le temps, que Philippe surveillait lui-même son impétuosité et qu'il se posait lui-même cette éternelle question: "est-ce que ça fait avancer mes objectifs?", avant même de me demander le moindre travail. Il en vint ainsi à proposer à toute son équipe des objectifs de plus en plus réalistes. Cela allégeait d'ailleurs sa tâche et augmentait son efficacité. Il s'en trouvait mieux, et tout son service avec lui.

Être réaliste ne signifie aucunement se satisfaire de peu. Être réaliste ne signifie aucunement non plus tuer toute ambition chez soi-même et chez les autres. Cela signifie plutôt établir des objectifs élevés, à long terme, et les subdiviser en objectifs annuels, mensuels, puis hebdomadaires, et enfin quotidiens, en ne se cachant pas les contraintes et les obstacles qu'on retrouvera forcément dans l'accomplissement de ces objectifs et en ne se cachant pas non plus que la réalisation de ces objectifs dépend d'un travail incessant, systématique et acharné. Or un tel travail est difficile dans le perfectionnisme, car le perfectionnisme suscite la plupart du temps de l'anxiété et diminue la force de frappe des individus.

Être réaliste suppose à la base que nous travaillions de façon intelligente. Plutôt que de nous lancer à l'improviste dans des actions qui n'ont ni queue ni tête, plutôt que de travailler de façon compulsive, nous nous demandons où nous voulons aller et où nous nous dirigeons en réalité, pour corriger au besoin à chaque instant notre orientation. Dans le fond, je pense qu'il est souvent avantageux d'être un peu "paresseux" pour bien travailler, c'est-à-dire que nous avons avantage à éviter de faire des efforts inutiles. En portant notre effort sur l'analyse et le choix de nos moyens, et en planifiant mieux nos interventions, nous pouvons réaliser plus en faisant moins d'efforts, justement parce que ces efforts seront fournis aux bons endroits.

Pour qu'une telle efficacité se développe dans une entreprise, Peter Drucker suggère qu'on pose à chaque employé cette question fondamentale: quelle contribution originale peux-tu fournir à ton entreprise pour la faire progresser? Que suggères-tu que nous fassions? Ce n'est pas autre chose, dans le quotidien, que de respecter l'intelligence des individus et de susciter la pleine utilisation de cette intelligence pour la réalisation des objectifs de l'entreprise. On comprend, bien sûr, que ce n'est pas tout de poser cette question aux employés, mais qu'il est très important de les écouter. Une telle procédure, bien simple, constitue une des forces du Japon dans le domaine industriel: on y a tellement bien institué la consultation, à tous les niveaux, que la participation des individus est inscrite dans le progrès de leur entreprise. On met plus de temps à prendre une décision, car tous ceux qui auront à l'appliquer y participent, mais cela comporte l'énorme avantage que, une fois prise, cette décision soit déjà acceptée à tous les niveaux: elle n'a pas à être vendue.

Par ailleurs, le réalisme génère habituellement la sécurité, tandis que le perfectionnisme génère l'insécurité. Si l'on fait appel à l'intelligence des gens, ils savent généralement différencier, dans des objectifs élevés, ceux qui sont réalisables de ceux qui ne le sont pas. Ils savent très bien voir, dans les décisions d'aujourd'hui, celles qui contredisent ou renforcent les décisions d'hier. Une entreprise ne peut être efficace lorsqu'on ne retrouve pas une certaine consistance dans l'orientation de l'action. Qu'on systématise l'action pour l'action, dans une entreprise, sans relier cette action à des objectifs clairement identifiés, et l'on verra vite que, les employés ne sachant pas où ils vont, développeront de l'insécurité et deviendront de plus en plus hésitants à prendre des initiatives.

L'employé qui vit avec un patron perfectionniste a par ailleurs souvent avantage, même s'il se sent parfois émotivement incertain, à prendre malgré tout des initiatives dans son travail, en allant jusqu'à la limite de la description de sa tâche. Le patron perfectionniste pourra y prendre quelque ombrage à l'occasion, craignant pour son prestige personnel, mais il est habituellement préoccupé davantage par la passivité qu'il a lui-même encouragée chez les autres à cause de son perfectionnisme, les autres se disant en effet que rien ne sert de travailler fort puisque, de toute façon, le patron ne sera jamais satisfait.

J'ai remarqué que, souvent, les gens perfectionnistes semblent se fixer des objectifs tout à fait irréalisables pour se ménager de meilleures excuses devant un échec. Car ils appréhendent confusément un échec. Quoi de mieux comme excuse que de dire: nous avons visé trop haut, mais mieux vaut viser trop haut que viser trop bas. Ne serait-il pas préférable d'établir des objectifs élevés, mais à long terme, avec la vision claire et nette que seul un travail quotidien et permanent permettra la réalisation globale de ces objectifs. C'est la ténacité et la constance dans l'action qui deviennent importantes: les petits efforts quotidiens s'additionnent alors pour converger vers le même but. Le réalisme porte sur les ressources humaines, financières et matérielles disponibles. On établit des objectifs élevés qui prévoient l'utilisation la plus efficace de toutes les ressources disponibles. On ne tombe pas alors dans le perfectionnisme car on sait que l'action sera nécessairement imparfaite, même si on tend à ce qu'elle soit la meilleure possible, et l'on tient compte des limites des ressources disponibles. Le perfectionniste a tendance à se donner des objectifs qui dépassent la capacité de ses ressources, tout en exigeant que le travail lui-même soit parfait. De fait, le perfectionniste agit continuellement comme s'il se sentait coupable de toute imperfection, tandis que le travailleur efficace sait qu'il doit ajouter, avec constance et ténacité, une mesure additionnelle à son travail pour améliorer ses résultats, tout en sachant que, malgré tout, il y aura toujours quelques imperfections. Le perfectionniste se condamne lui-même, et les autres avec lui, à la passivité, car ses exigences sont trop grandes, exigences devant lesquelles beaucoup se sentent écrasés et impuissants. Aussi bien exiger moins et désirer plus, en sachant qu'il ne faut jamais ménager ses efforts si l'on veut obtenir des résultats.

Les perfectionnistes étant d'éternels insatisfaits, ils n'ont habituellement pas tendance à accorder du prestige à ceux qui les entourent. Ce prestige vient naturellement de la reconnaissance des résultats obtenus par chacun dans son travail. Quoi de plus simple que de dire à un employé: c'est toi qui as fait ça, je t'en félicite; c'est toi qui as eu cette idée, je le dirai aux autorités. Point n'est besoin de chercher longtemps pour complimenter un individu: il suffit tout simplement de regarder ce qu'il réalise et de ne le complimenter que pour des choses vraies. Chacun a ses forces, à nous de les découvrir et de les utiliser. Le perfectionniste, lui, semble rechercher son prestige à court terme pour l'obtenir de façon immédiate. Tout se passe comme s'il disait: "Regardez comme je suis bon! Mes exigences sont bien plus grandes que tout ce que vous avez vu jusqu'à présent. Moi je réussirai à court terme ce que d'autres n'ont pu réussir qu'à long terme. Moi je saurai utiliser mes ressources à 200%." Il trouve déjà son prestige à plastronner ainsi, mais c'est un prestige artificiel car il n'est basé sur aucune réalisation. Et son prestige dégringole quand les résultats ne suivent pas. Aussi bien attendre avec patience, après un travail incessant et constant, pour obtenir un prestige solide basé sur des résultats concrets. Car, lorsque le perfectionniste constatera qu'il n'a pas atteint ses objectifs et que son prestige en est sévèrement atteint, il aura probablement tendance à s'en blâmer et à blâmer les autres. Il fera d'un simple échec une catastrophe. Et voilà que le processus de la culpabilité sera déclenché pour lui-même et pour les autres.

Donc, en conclusion, il est d'abord avantageux pour moi, devant un patron perfectionniste, de vérifier si ce patron devient l'occasion d'idées irréalistes et d'émotions désagréables. Si c'est le cas, j'ai alors avantage à améliorer ma stabilité émotive, grâce à la confrontation, tout en passant à l'action pour essayer d'améliorer une situation que je trouve désagréable. Je crois que la première étape de l'action, la plus souhaitable en tout cas pour moi, est d'essayer de me mettre à la place de mon patron et de le comprendre. Quant à la deuxième étape, elle peut être éclairée avantageusement en prenant comme guide et critère moral les objectifs de mon entreprise. J'ai alors avantage à me poser la question suivante: quelles sont les actions susceptibles de réaliser le mieux les objectifs de mon entreprise tout en contrecarrant cette attitude perfectionniste que je déteste? Une fois trouvée la réponse à cette question, j'accomplis inlassablement les moindres actions que j'ai envisagées dans ma stratégie, avec une fermeté inébranlable et en procédant aux ajustements requis en cours de route.

Chapitre IV

Mon patron ne pense
qu'à lui-même

Comme je commençais à travailler de façon efficace avec Philippe, il fut promu à son tour dans une autre direction. Guillaume ayant de la difficulté à le remplacer, il accepta finalement Maurice, lequel devint mon nouveau chef de service et supérieur immédiat, suite à une rétrogradation. Maurice n'acceptait pas du tout sa rétrogradation. Il en gardait beaucoup d'amertume à l'égard de la haute direction qui, selon lui, ne le comprenait pas parce qu'elle l'avait pris en grippe. Aussi, il rentra dans sa coquille. Il ne s'occupait que de ce qui pouvait l'avantager, lui, ne prenant aucune part aux différents événements concernant les simples employés que nous étions. Lui, il était au-dessus de tout ça, même après une rétrogradation. Il n'avait pas compris la leçon de sa rétrogradation: il me semble qu'il aurait dû constater "qu'on a souvent besoin d'un plus petit que soi". Mais non: il ne maintenait le contact qu'avec ses deux adjoints officiels, responsables chacun d'une quinzaine d'employés. Quant à moi, même si je relevais immédiatement de lui pour mon travail, je ne semblais pas avoir d'importance à ses yeux et je fus presque relégué aux oubliettes. Il organisait ses petites réunions à trois, réunions au cours desquelles lui-même et ses deux adjoints péroraient sur les problèmes généraux de l'organisation, sur les injustices qui y régnaient, sur les manies de Guillaume, le directeur de l'administration, et sur leur grand malheur d'être dirigés de la sorte. Ils décidaient tout du haut de leur petite tour d'ivoire et nous étions informés par la suite de ce qu'ils voulaient bien nous dire. Quand Maurice participait à des réunions de tous les chefs de service de la direction de l'administration, il décidait d'autorité de ce qui était bon pour notre service, et il nous revenait par la suite avec des décisions qu'il avait du mal à appliquer vu que les principaux impliqués n'avaient aucunement participé à leur élaboration.

Par ailleurs, nous le savions très jaloux, et de ses prérogatives de chef de service, et de tous les avantages marginaux dont il jouissait lui-même comme employé de notre organisation. Ainsi, il choisissait ses vacances aux moments où le service était le plus achalandé. Si des employés avaient le malheur de lui en passer la remarque, il rétorquait que lui aussi avait le droit de jouir de son ancienneté, et qu'il n'allait pas s'en priver parce qu'il était chef de service. Il se déclarait malade à tout bout de champ, la plupart du temps pour prolonger ses fins de semaines. Nous n'étions pas dupes, et nous devinions facilement les véritables raisons de ses congés de maladie. Comme l'exemple venait de notre chef lui-même, nous ne nous gênions pas pour nous absenter à notre tour, de sorte que le travail s'accumulait dans le service. Le directeur de l'administration, Guillaume, s'enquit fréquemment du taux des absences dans notre service et fit remarquer à Maurice que son exemple pouvait influencer l'augmentation constante des absences. Maurice répliqua qu'on ne lui faisait plus confiance, qu'il ne méritait pas ça et qu'il avait bien le droit d'être malade lui aussi. Progressivement, la situation de Maurice se détériora, autant aux yeux de ses subordonnés qu'aux yeux de Guillaume, son supérieur immédiat. Aucun employé du service n'était heureux d'y travailler, incluant Maurice et ses deux adjoints. Pourtant, Maurice persistait à ne penser béatement qu'à sa propre personne, en essayant de tirer tous les avantages qu'il pouvait de son côté. À chaque fois que Guillaume lui demandait de fournir des efforts additionnels ou d'intervenir dans certaines initiatives d'appui à d'autres services, Maurice ne le faisait que s'il pouvait se faire payer du temps supplémentaire. De plus, il affirmait qu'il avait droit lui aussi à des loisirs et qu'on ne lui gâcherait pas sa vie.

Maurice ne se rendait pas compte qu'il était lui-même en train de la gâcher, sa vie. Son égoïsme viscéral suscitait tellement d'antagonisme autour de lui que l'efficacité de son service en était paralysée. Quant à moi, je me disais que ce n'était pas intéressant de travailler pour un tel égoïste et que cela ne me servait à rien de fournir des efforts qui, de toute façon, n'étaient jamais reconnus. Il profiterait au maximum de mes efforts et s'en attribuerait tout le prestige, sans jamais en fournir lui-même personnellement. En fait, il se laissait porter par la routine installée, et il n'intervenait que pour des actions d'apparat, pour défendre ses positions ou pour essayer de se justifier en blâmant les autres.

Je m'aperçus que, encore une fois, je me laissais aller à la dérive depuis l'arrivée de Maurice. J'avais tellement bien réussi à reprendre ma situation en main avec Philippe que j'avais cru un instant que ma situation resterait au beau fixe. Toutefois, Maurice m'avait fourni une nouvelle occasion de me mettre dans la tête des idées irréalistes. Je le réalisai par toutes les émotions désagréables que j'étais en train de vivre à ce moment-là. À chaque fois qu'on se sent mal dans sa peau, on peut en effet être certain que notre esprit est en train de "charrier" une ou des idées irréalistes.

Quelles étaient donc les idées irréalistes qui habitaient mon esprit? Je découvris d'abord que j'étais en train de me dire que Maurice devrait me consulter, et consulter les autres employés du service, plutôt que de se limiter à la consultation de ses deux seuls adjoints. Il ne devrait pas continuer à tenir ses réunions avec ses deux seuls adjoints. Il devrait m'y inviter car moi je pourrais changer quelque chose à la situation. Il devrait se montrer moins jaloux de ses prérogatives de chef de service et tenir compte un peu plus du fait que nous étions ses égaux dans la nature humaine. Il devrait cesser de choisir les meilleures dates de vacances, surtout que ces dates coïncidaient avec les périodes où le service était le plus achalandé. Et il n'avait vraiment pas le droit de se déclarer malade et de prolonger par ce moyen ses fins de semaines: c'était tellement injuste d'ailleurs que je me croyais justifié de m'absenter à mon tour. Finalement, il n'avait surtout pas le droit de rendre tout le monde malheureux.

L'on voit que toutes ces idées sont génératrices d'hostilité, l'hostilité étant causée par l'idée irréaliste que les autres devraient faire ce que nous voulons et ne devraient pas faire ce que nous ne voulons pas. Or, pour confronter ces idées irréalistes, il me suffisait de constater que, dans la réalité, Maurice avait la liberté, comme être humain, de faire toutes ces choses qui me déplaisaient tellement que je les qualifiais d'abominables. Une telle constatation n'est pas bien difficile. La meilleure preuve que Maurice a le droit d'agir contrairement à ma volonté est que, précisément, il agit de façon contraire à ma volonté. C'est un fait inhérent à sa liberté d'être humain. En me répétant que Maurice avait tous les droits, incluant celui d'agir contrairement à mes désirs, j'en vins à éliminer mes réactions agressives à son égard.

Par ailleurs, je réalisai également que j'avais besoin d'être apprécié et considéré par mon patron. Quand Philippe nous avait quittés pour une promotion, j'étais devenu son conseiller préféré, et j'appréciais beaucoup cette considération spéciale. Or Maurice prit connaissance dès son arrivée de ce rôle de conseiller que je jouais de façon bien informelle auprès de Philippe. Il résolut de briser ce lien informel pour se limiter à la consultation de ses deux adjoints, et j'en fus blessé. Je m'imaginais qu'il fallait que mon patron me considère et m'apprécie au plus haut point, sans quoi je devenais un être diminué, ayant perdu toute valeur puisqu'il ne méritait même pas l'appréciation et la confiance de son chef immédiat. Heureusement que, habitué à la confrontation, je rapprochai cette idée de la réalité en me disant que je n'ai absolument pas besoin d'être apprécié de mon patron pour vivre. Son appréciation m'est peut-être utile et agréable, mais elle ne m'est aucunement indispensable. D'ailleurs, je réalisai encore une fois que, si je m'étais senti blessé devant la décision de Maurice de ne prendre conseil que de ses deux adjoints, ça ne pouvait en aucune façon être la décision de Maurice qui me blessait. Je me blessais moi-même en me disant, de façon irréaliste, que mon patron devrait me consulter, que c'était abominable qu'il ne me consulte pas et que ma valeur était ainsi diminuée. Sachant qu'on ne peut être blessé intérieurement que par soi-même, l'on peut rechercher les idées irréalistes qui sont à l'origine de ces émotions désagréables pour les confronter avec la réalité et ainsi retrouver une bonne stabilité émotive.

Une autre idée que je réussis à identifier, celle-ci étant source d'anxiété, c'est que l'attitude d'indifférence de mon patron à mon égard comportait de grands dangers pour moi, alors que je ne pouvais rien y faire. J'étais en effet en train de me dire que c'était terrible et catastrophique, abominable et effroyable de ne pas être apprécié et considéré de mon patron. Avec le temps, mes évaluations de rendement ne pouvaient qu'en souffrir. Je pourrais être bloqué dans le cheminement de ma carrière et noirci aux yeux de mes supérieurs hiérarchiques. Je confrontai cette idée en regardant, dans la réalité, si un tel danger existait vraiment et je constatai qu'il n'y avait aucun motif d'anxiété. J'avais en effet un excellent dossier dans l'organisation, alors que Maurice était doté d'un dossier quelque peu terni par une rétrogradation. Toute mauvaise appréciation de sa part, à mon égard, serait donc regardée comme très suspecte et ne pouvait me faire grand tort. Cela n'était donc ni abominable ni effroyable.

J'ai donc retrouvé assez vite une bonne stabilité émotive grâce à la confrontation. J'avais franchi la première étape de ma démarche, celle de l'acceptation de la réalité, même si elle était très imparfaite à mes yeux. L'étape suivante consistait à passer à l'action pour améliorer, si possible, une situation que je trouvais désagréable. Trop de gens croient, devant certaines situations désagréables qu'ils rencontrent, qu'il n'y a rien à faire. Or, au contraire, il y a quantité de possibilités, la première étant de se poser la question: qu'est-ce que je peux faire pour essayer d'améliorer ma situation?

Devant cette question, et pour nous permettre de mieux choisir nos interventions, il est d'abord souhaitable d'essayer de comprendre les comportements du patron. Or, Maurice démontrait un égoïsme pervers. Il faisait preuve, à mon sens, d'un intérêt personnel déplacé. Il ne pensait qu'à lui-même, essayant d'accomplir le minimum dans ce qui lui était demandé par ses supérieurs, collaborant très peu avec ses collègues chefs de service et ne respectant aucunement les aspirations et les désirs des employés qu'il dirigeait. De plus, il choisissait ses vacances et se déclarait malade à des moments où cela pouvait nuire à l'accomplissement des objectifs de l'organisation. Je me dis intérieurement qu'il se laissait mener par son intérêt personnel. Puis je me ravisai en me rappelant que, de fait, il n'y a pas d'être humain qui ne soit mené par son intérêt personnel, car aucun être humain ne pourrait agir s'il ne voyait dans les actions choisies quelque chose répondant à son intérêt personnel. Maurice n'était donc qu'un être humain normal, poursuivant son intérêt personnel comme tous les êtres humains. Nous sommes tous égoïstes en quelque sorte et nous poursuivons tous des intérêts qui ressemblent parfois à ceux des autres ou qui leur sont diamétralement opposés.

Il y a toutefois des gens qui, d'après l'étude de la nature humaine, comprennent et poursuivent mal leurs véritables intérêts personnels, souvent parce qu'ils refusent de les envisager à long terme plutôt qu'à court terme. Je crois que c'était le cas de Maurice. Ne voyant toujours en tout que son intérêt à court terme, Maurice ne trouvait avantageux que ce qui lui rapportait quelque chose tout de suite et à lui seul, en refusant de voir que ces mêmes choix indisposaient ses coéquipiers. Sa cupidité l'amenait ainsi à abuser des congés de maladie, de sorte que le taux d'absence du service devenait trop élevé et pénalisait finalement Maurice lui-même. La rancune qu'il ressentait encore à l'égard de la haute direction relativement à sa rétrogradation l'amenait à adopter des attitudes hostiles devant à peu près n'importe quelle demande qui lui était faite par la haute direction, ce qui ne l'aidait pas à progresser dans ses bonnes grâces. Ne faisant jamais appel à la consultation et à la participation, soit disant parce que c'était lui qui détenait l'autorité, il se privait d'une application en douceur de ses décisions, ses décisions étant d'ailleurs moins bonnes parce que moins bien éclairées. Maurice, tout en se plaignant qu'on ne lui faisait plus confiance, agissait de façon irresponsable et contribuait ainsi lui-même à miner le peu de confiance qu'on mettait en lui. En créant un climat malsain dans son service, Maurice contribuait aussi à engendrer des obstacles de plus en plus grands à la réalisation des objectifs de son propre service. Mais comment pouvait-il être assez aveugle pour ne pas s'apercevoir de tout cela?

C'est que Maurice ne voyait pas la relation entre chacun des gestes qu'il posait et leurs effets à long terme. Il voyait son intérêt de façon tout à fait bornée, de sorte qu'il contribuait lui-même, par l'addition de ses moindres gestes, à tisser la corde qui le pendrait un jour. Il ne voyait pas qu'un égoïsme sain comporte en lui-même beaucoup d'altruisme, les êtres humains ne vivant habituellement pas isolés mais plutôt entourés de quantité d'autres êtres humains. Il ne voyait donc pas qu'il avait intérêt à développer et à maintenir de bonnes relations humaines, autant avec ses supérieurs qu'avec ses collègues et ses subordonnés, et cela lui faisait perdre une collaboration qui lui était essentielle pour la réalisation de ses objectifs. Si telle était la situation, la seule façon d'amener un changement dans le comportement de Maurice était de l'inciter à changer sa vision de son intérêt personnel. Tout en sachant que la motivation d'un individu ne peut venir que de lui-même, je décidai que, désormais, je lui parlerais de plus en plus en fonction de ses intérêts personnels, en essayant de les lui faire voir sur une longue période plutôt qu'à court terme.

Une première occasion se présenta, un jour où il se plaignait devant moi de la rétrogradation qu'il avait subie et qu'il n'acceptait toujours pas. Je saisis l'occasion pour lui dire qu'une telle chose était sûrement très désagréable et que je n'aimerais pas vivre pareille situation.

"Mais, lui dis-je, j'ai souvent pensé à ce que je ferais devant une rétrogradation, si jamais j'avais à en vivre une. — Et que ferais-tu dans un tel cas? me demanda-t-il. — La première chose est de l'accepter, lui répondis-je, car je sais que je n'aurais pas le choix. Je me dirais que c'est une chose très désagréable, mais que ce n'est quand même pas abominable puisque cela arrive et que personne n'est à l'abri de tels événements. De toute façon, une fois la chose arrivée, à quoi me servirait-il de me dire que cela n'aurait pas dû se produire. Puis je me poserais intérieurement cette question: qu'y a-t-il à faire pour que ma situation s'améliore dans l'avenir, sans exiger aucunement de promotion future mais seulement pour être plus heureux dans ma fonction actuelle?" Là-dessus, nous fûmes interrompus par un messager apportant une missive urgente à Maurice et Maurice dut me quitter.

Toutefois, le lendemain, Maurice revint me voir pour

reprendre notre conversation. Il me demanda: "Et selon toi, qu'y a-t-il à faire pour que je sois plus heureux dans ma fonction actuelle?" Je vis bien qu'il avait lui-même réfléchi à la question, puisqu'il reprenait les propos que je m'étais attribués la veille par délicatesse. "D'après moi, lui répondis-je, après avoir accepté la rétrogradation, la première chose à faire est d'abaisser mon niveau d'exigences pour l'avenir, en particulier, de cesser de m'attendre à ce qu'on me rétablisse dans mes anciennes fonctions ou dans des fonctions équivalentes, tout en posant le plus possible de gestes qui pourraient favoriser un tel retour. — Et, me répliqua-t-il, quels seraient ces gestes? — Eh bien, répondis-je, je crois que j'accomplirais ma fonction actuelle en essayant d'y trouver le plus d'intérêt possible, de façon à être heureux dans cette fonction. Et, tout en n'exigeant rien pour l'avenir, car c'est la meilleure façon de retirer un plus grand profit de la vie, j'essaierais d'entrevoir mes intérêts personnels sur une longue période plutôt qu'à court terme."

En essayant d'envisager mes intérêts sur une longue période, je penserai nécessairement aux conséquences de chacun des gestes que je pose. Si, en effet, je veux atteindre un objectif élevé à long terme, j'aurai intérêt à me ménager la collaboration aussi bien de mes supérieurs que de mes subordonnés et de mes collègues. De là l'importance que prennent les relations humaines, la consultation et la participation. Si je veux que mes subordonnés m'aident à atteindre cet objectif élevé, j'ai intérêt également à penser que mon exemple aura définitivement un effet d'entraînement sur eux, mes subordonnés s'engageant dans un programme à condition que j'y mette moi-même des efforts personnels (je n'osai pas mentionner à Maurice ses nombreuses absences et sa façon de choisir ses vacances), tout cela pour mieux accomplir mon travail actuel. Car c'est en accomplissant très bien mon travail actuel, sans penser toujours aux promotions qu'on devrait me donner, que j'ai le plus de chances d'être heureux. Et il faut bien constater que, dans la réalité, il n'y a pas une possibilité infinie de promotions. D'ailleurs, la meilleure façon d'obtenir des promotions, c'est précisément de cesser de courir après et de m'attacher à accomplir de mon mieux mon travail actuel, quitte à sauter sur les petites occasions qui se présenteront pour améliorer mon sort. Beaucoup de gens courent sans cesse après les occasions en or, les grandes occasions, alors qu'ils ignorent celles qui se présentent à eux à chaque jour.

Mes réflexions sur l'intérêt personnel envisagé à long terme ont sûrement fait réfléchir Maurice car, à partir de ce moment, il diminua considérablement ses absences et devint attentif aux aspirations et aux opinions de ses subordonnés. On ne l'entendait plus se plaindre de sa rétrogradation: il avait dû comprendre que cela nous cassait les oreilles et n'avançait à rien. Il semblait même accepter de mieux en mieux sa fonction actuelle, trouvant une plus grande satisfaction dans son travail. Se donnant de plus en plus à son travail, il en retirait également de plus en plus. Juste retour des choses: personne ne nous fait de cadeaux absolument gratuits; on en retire toujours au moins un petit quelque chose, même si ce n'est que de la considération pour aujourd'hui ou pour l'avenir ou tout autre avantage du genre.

Quant à moi, j'essayais de continuer à voir mon intérêt dans la poursuite des objectifs de mon organisation, tout en continuant à susciter l'intérêt de Maurice en me guidant sur ces mêmes objectifs, estimant que si j'agissais de la sorte, je faisais de mon patron mon meilleur assistant dans la poursuite de mes objectifs. Plusieurs ne pensent pas à utiliser leur patron pour mieux accomplir leur travail. Ils oublient que c'est la principale raison d'être du patron. Il suffit de découvrir les forces du patron, puis de solliciter son appui dans la ligne de ces forces. Et comment découvrir les forces du patron? De la même façon que je puis découvrir mes propres forces: c'est en effet en regardant ce qui me semble tellement facile que c'en est banal, alors que cela semble difficile aux autres, que je puis découvrir mes forces. Il en est de même des forces du patron. Une fois découvertes les forces du patron, il s'agit tout simplement d'y faire appel à point nommé, et c'est flatteur et agréable pour le patron.

Ayant parlé à plusieurs reprises d'intérêt personnel à Maurice, je lui avais dit que chacun trouvait son premier intérêt en lui-même, dans un égoïsme tout à fait normal. Comme chacun trouve habituellement beaucoup de bonheur dans l'acceptation de soi, je lui avais dit combien l'approche émotivorationnelle m'avait été et m'était encore bénéfique à chaque jour. Je constatai avec joie que Maurice s'intéressait à cette approche. Il s'acheta des livres sur le sujet et il pratiqua avec succès la confrontation. Il me raconta plus tard comment il en était arrivé à une bonne acceptation de lui-même, ce qui correspondait d'ailleurs à son plus grand intérêt personnel.

Dès son premier contact avec l'approche émotivorationnelle, Maurice décida de se confronter relativement aux sentiments dépressifs que lui occasionnait sa rétrogradation. Quelles idées pouvaient bien être apparues dans son esprit, à cette occasion, et à chaque fois qu'il pensait à sa rétrogradation? C'était que sa rétrogradation était une chose abominable et effroyable. Cette rétrogradation lui avait fait perdre toute valeur comme personne humaine. Il était devenu un ver de terre, un être qui devait être rejeté de tous puisqu'il n'avait pas su être à la hauteur de ce qu'on lui demandait. Ces idées étant proprement irréalistes, il s'attacha à les confronter avec la réalité. Que lui révélait donc la réalité à ce sujet? Tout simplement qu'une rétrogradation n'est pas une catastrophe, puisque les catastrophes n'existent pas dans la réalité: seul mon esprit peut grossir un événement désagréable au point d'en faire quelque chose qui dépasse toute mesure et qui apparaît comme une catastrophe. Les catastrophes n'existent donc pas dans la réalité: tout ce qui existe dans la réalité, c'est une rétro-gradation, un point c'est tout. Est-ce à dire que cette rétro-gradation diminuait la valeur de Maurice? Pas du tout, la valeur de chacun étant définie une fois pour toutes et consistant en cette valeur existentielle qu'il a comme être humain. Ainsi, Maurice ne perdant aucune valeur comme être humain, il ne pouvait être devenu un être ignoble à cause d'une rétro-gradation. Sa personne demeurait fondamentalement la même. Ce qui avait changé, c'était quelque chose d'extérieur à sa personne: un titre, un niveau d'autorité, un avoir. Maurice comprit assez vite qu'il avait avantage à cesser de confondre sa propre personne avec ses actes, et son être avec son avoir. Il cessa alors de se déprimer inutilement, en se disant qu'il était fondamentalement bon, du seul fait de son existence, et qu'il demeurerait bon, indépendamment de ses actes, pour le reste de ses jours.

Comme Maurice était devenu plus épanoui, il était beaucoup plus plaisant, pour moi-même et pour les autres, de vivre dans son entourage. L'atmosphère du service devint progressivement plus agréable. Maurice se sentant en confiance, il devint beaucoup plus ferme quant aux objectifs de son service, objectifs qu'il prenait enfin en mains et qu'il poursuivait avec ténacité. Le taux des absences diminua sensiblement et l'efficacité globale du service s'en ressentit, à la satisfaction de tous.

J'en conclus donc que, devant un patron égoïste, nous avons avantage à lui reconnaître son droit à l'égoïsme, l'égoïsme n'étant d'ailleurs que la préservation de notre entité personnelle. Le fait de lui reconnaître un tel droit nous donne d'abord à nous-mêmes une bonne stabilité émotive. Assez souvent, ceux que nous appelons "égoïstes" voient assez mal leur véritable intérêt personnel. Ils sont plutôt portés à l'envisager à court terme. Il est donc habituellement avantageux de leur faire entrevoir leur intérêt personnel à long terme, pour leur montrer comment la réalisation d'intérêts personnels à court terme peut souvent les empêcher de réaliser leur intérêt sur une longue période. Cette démarche suppose d'abord que nous ayons fait l'effort requis pour bien comprendre le patron.

Chapitre V

Mon patron ne sait pas communiquer

L'information, c'est le pouvoir. Tel semblait être la devise cachée de mon nouveau patron, Armand, lequel était devenu mon patron par suite d'une promotion que j'avais obtenue par concours. Avec cette promotion, j'étais passé dans une classification professionnelle. J'étais en effet maintenant attaché d'administration, grâce à un baccalauréat en administration que j'avais obtenu par suite de mes études à temps partiel et grâce également à mes états de service dans l'organisation.

Armand était un chef de service, dans la direction de l'administration, au même niveau hiérarchique que Maurice, mon chef immédiat antérieur. J'ai décelé tout de suite, et je le savais déjà par ouï-dire, qu'Armand n'avait aucun souci de communiquer avec ses subordonnés. Son seul objectif semblait être de se réserver le maximum sinon la totalité de l'information. Car il était jaloux de son autorité et semblait croire que la moindre information qu'il transmettait à ses subordonnés, au nombre d'une cinquantaine, diminuait son pouvoir de chef. Par ailleurs, il n'avait pas la même réticence en ce qui concernait l'information à transmettre à ses supérieurs, en l'occurrence à Guillaume, son supérieur immédiat. Et il se faisait une gloire de lui transmettre même les informations les plus banales, de telle sorte que les employés du service craignaient que la moindre incartade ne soit rapportée immédiatement à Guillaume, ce qui était généralement le cas. En gros, la morale d'Armand semblait être la suivante: les employés n'ont droit à aucune information, mais ils doivent informer leur patron de tout ce qui se passe. Pauvres employés qui ployaient sous les devoirs mais qui n'avaient aucun droit.

J'ai remarqué que, dans de tels cas, la sagesse des employés consiste habituellement à "ne pas faire de vagues". Ne voulant pas créer de turbulence, ils organisent une résistance passive. Ils transmettent les informations absolument essentielles aux patrons et leur taisent tout ce qui peut susciter leur courroux, contre eux et contre leurs camarades. Mais il s'en trouve toujours quelques-uns pour lécher les bottes des patrons, dans l'espoir d'en tirer des bénéfices éventuels, et pour agir comme rapporteurs officieux ou espions déguisés. Souvent ces rapporteurs officieux sont à la longue reconnus et étiquetés par les employés comme des rapporteurs officiels. Certains se plaisent alors à partir toutes sortes de rumeurs pour voir jusqu'où peut aller la duplicité de l'espion et pour s'amuser des gestes ridicules que peuvent poser certains patrons complaisants. Cette situation ne se produit que lorsqu'il n'y a pas de communication directe et que les patrons cherchent à obtenir indirectement l'information qu'ils ne peuvent obtenir directement. Car l'information existe toujours et à tous les niveaux. Le problème est que, lorsque des employés ou des patrons n'ont pas l'information réelle, ils se créent de toutes pièces une information de remplacement, d'où les rumeurs et les sous-entendus de toutes sortes qui courent dans les entreprises mal dotées du point de vue de la communication.

On voit de plus en plus s'organiser dans les entreprises une information de base essentiellement à partir de données statistiques sur la production et la productivité, particulièrement dans les systèmes informatisés d'information de gestion. Ces données ne sont toutefois que des données brutes, même si elles sont organisées. Elles sont en fait ce qu'on appelle de l'information, mais non de la communication. L'information consiste en des données brutes tandis que la communication part de ces données de base auxquelles est ajoutée la composante des émotions, pour que l'information pénètre dans l'esprit des gens, qu'elle rejoigne leurs intérêts profonds, qu'elle les accroche. De la sorte, l'informatique nous fournissant de plus en plus des masses considérables d'information, elle requiert de plus en plus de communication, sinon cette information organisée risque fort de rester inutilisée ou même de se retourner contre ses créateurs: c'est un véritable paradoxe. L'information étant accumulée de façon automatique, les employés ont souvent peur qu'on l'utilise contre eux et ils y voient une menace grandissante, menace qui peut être éliminée si les patrons s'attachent à établir une bonne communication, à expliquer à chacun les objectifs poursuivis et à transmettre à chacun l'information relative à son travail afin que l'employé puisse de lui-même procéder aux ajustements requis.

Cette préoccupation de la communication, Armand ne l'avait aucunement. Oh! il parlait bien de communication, il en parlait même continuellement, mais c'était une communication à sens unique, celle qui était due aux patrons. Car Armand s'imaginait que c'était le seul type de communication pouvant faire progresser l'entreprise. Toute information lui était due, pourtant il n'était même pas véritablement à l'écoute des employés qu'il dirigeait. Il n'essayait pas de connaître leurs aspirations, leurs désirs et leurs opinions. Or, c'est précisément en cela que consiste la véritable communication, la communication ne référant pas d'abord à l'émetteur mais d'abord et avant tout au récepteur. Car pour savoir ce qui intéresse l'autre, il faut d'abord le laisser parler et être profondément à l'écoute de ses aspirations et de ses opinions. Armand, lui, s'intéressait à des données factuelles, les opinions et les désirs de ses subordonnés ne l'intéressant pas quant à l'opération de sa boîte. Il voulait tout savoir, oui, mais sans commentaires, car c'était lui le responsable de l'interprétation, des analyses et des décisions.

Lorsque j'arrivai dans son service, à titre d'adjoint administratif, Armand me laissa à moi-même, et je restai plusieurs jours à pratiquement ne rien faire, ne sachant où aller pour puiser mes renseignements, connaître mes objectifs et accomplir ne fut-ce que des rudiments de ma description de tâche. C'en était démoralisant. Moi qui étais toujours occupé antérieurement, je ne savais que faire pour me rendre utile. Lire et me documenter? Je pouvais toujours le faire, mais je me disais que ça paraîtrait mal d'être toujours en train de lire: après tout, je n'étais pas employé pour lire, mais pour produire, et je ne demandais pas mieux que d'être utilisé à ma pleine capacité. Par ailleurs, je ne savais pas du tout en quoi consistait mon nouveau travail de professionnel, ayant travaillé jusquelà à un niveau technique. Je savais bien qu'on attendait de moi un travail de conception, mais encore fallait-il qu'on me donne des mandats précis, qu'Armand cesse d'accaparer toutes les informations, qu'il cesse d'y répondre lui-même et qu'il dise à tous de s'adresser à moi pour ce qui était de ma responsabilité. J'avais bien essayé de lui demander à quelques reprises de préciser ce qu'il attendait de moi, mais à chaque fois il me répliquait de prendre patience et de me familiariser tranquillement avec le service. Je me sentais tiraillé intérieurement entre le désir d'agir malgré lui et celui de respecter son autorité en attendant patiemment qu'il me donne des mandats précis. Par ailleurs, je sentais bien que mon travail d'adjoint administratif me rendait extrêmement dépendant de lui et j'en étais à me demander si l'emploi que j'occupais maintenant était véritablement requis: ce n'est qu'un peu plus tard que je découvris la réponse à cette question.

À ce moment-là, je me tracassais avec l'idée que je n'avais rien à faire et que j'étais devenu inutile. Comme j'étais démoralisé, je décidai de me confronter à ce sujet. Quelles idées es-tu en train de te mettre dans la tête pour être démoralisé devant une telle situation, me demandai-je? Tu te dis que, ne réalisant plus rien de concret, tu es devenu un être inutile. Tu es donc un vaurien, un être abject qui ne mérite plus de vivre puisque tu n'es même pas capable de gagner ton salaire. Tu devrais être gêné d'accepter ton salaire, après autant de jours d'inactivité, car tu ne le mérites vraiment pas. Et si ton patron, Armand, ne te donne rien à faire, c'est qu'il réalise bien, lui, que tu n'es pas à la hauteur de ton nouveau classement malgré toutes tes belles prétentions. Avec de telles idées en tête, il était inévitable que je sois déprimé. Aussi, je les confrontai avec la réalité. Quelle était donc la réalité en l'occurrence? La réalité était que je n'avais strictement aucun mandat et que, à titre d'adjoint administratif d'Armand, je dépendais entièrement de sa bonne volonté et de son autorité pour agir. La réalité était que, dans cet emploi, je dépendais absolument de mon supérieur immédiat. Il était vrai que j'étais inutilisé, pour le moment, mais cela ne faisait pas de moi un vaurien, un être abject et qui ne mérite pas de vivre, car je gardais ma valeur fondamentale comme être humain du seul fait que j'existais. Peut-être eût-il mieux valu que je n'accepte pas cette promotion pour m'y retrouver malheureux? Peut-être que oui, mais peut-être que non: la seule réalité qui existait pour moi à ce moment-là était que j'occupais maintenant ce poste, qu'il ne me servait à rien de pleurer sur mon sort ni de me déprimer et que je n'avais pas à être gêné de toucher un salaire pour un travail en fonction duquel j'étais toujours disponible, même si on ne savait pas m'utiliser.

Même si je commençais à accepter cette situation, très imparfaite à mon point de vue, je me disais qu'Armand ne devrait pas agir de la sorte à mon égard, puisque je ne demandais pas mieux que de l'aider. Et c'est pourquoi je me sentais quelque peu agressif envers lui, jusqu'à ce que je convienne en mon for intérieur que c'était entièrement son droit de m'utiliser comme il l'entendait, puisqu'il n'était obligé à rien envers moi: c'était son choix, à lui d'en assumer les conséquences. Cette brève confrontation fit disparaître mon hostilité. Je me demandai alors ce qu'il me convenait de faire dans les circonstances, car il y avait sûrement quantité de choses à faire. Je décidai que je mènerais de front deux tâches: celle de comprendre Armand et celle d'établir progressivement moi-même la communication qu'il négligeait, en le faisant à son avantage de sorte qu'il ne puisse jamais m'en blâmer.

Je comprenais très bien qu'il puisse identifier l'information avec le pouvoir, car il est très important d'être bien informé pour effectuer de bons choix quand on est gestionnaire, et celui qui a la meilleure information peut, après analyse, établir des stratégies et devancer ses concurrents dans la réalisation de ses objectifs. Toutefois, je constatais qu'Armand avait peur de partager ses informations avec son équipe. Il devait probablement se dire intérieurement des phrases du genre de celles-ci: il ne faut pas que mes chefs de section ni mes autres subordonnés en sachent autant que moi, car ils vont être reconnus comme plus compétents que moi et ma valeur personnelle en sera diminuée d'autant. Il faut absolument que je divise pour mieux régner. S'il arrivait que certains de mes subordonnés en sachent plus que moi, on en viendrait peut-être à se demander si je suis toujours le plus compétent pour diriger et on penserait vraisemblablement à me remplacer. Il faut donc que j'impose mon autorité en exigeant beaucoup d'informations tout en les transmettant au compte-gouttes, de peur que d'autres me dépassent. Par ailleurs, je dois absolument être le premier à informer mon supérieur immédiat, Guillaume, de tout ce qui se passe dans mon service, car autrement mon prestige en serait durement touché.

Armand aurait eu avantage à se confronter de la façon suivante relativement à ces idées irréalistes. Rien ne dit, dans la réalité, que je suis obligé d'en savoir plus que mes subordonnés, mon travail consistant en fait à coordonner les efforts de mes subordonnés vers l'accomplissement des objectifs de mon service. En ce sens, il serait même à mon avantage de m'assurer que chacun dispose de l'information essentielle pour savoir où il va et quel est le meilleur chemin pour y arriver. Que certains de mes subordonnés soient plus compétents que moi ne nuit absolument pas à ma tâche et ne m'empêche aucunement de coordonner leurs efforts vers la réalisation de nos objectifs. Par ailleurs, rien ne peut affecter ma valeur personnelle, comme individu, car je confondrais alors mes actes et mes avoirs avec ma personne.

Quant à diviser pour mieux régner, j'aurais peut-être plutôt avantage à penser qu'"un royaume divisé contre lui-même périra", car c'est ce qui peut arriver si tous les employés de mon service, insuffisamment informés, tirent tous dans des directions différentes, de sorte que le gouvernail de notre bateau subisse des contraintes extrêmement fortes qui l'empêcheront peut-être de nous amener à bon port. Et si je communiquais davantage avec mes subordonnés, le risque de perdre mon emploi serait-il vraiment très grand? N'est-il pas en fait plus grand si je ne communique pas assez? De toute façon, si je communiquais mieux, je risquerais d'être plus apprécié des membres de mon équipe. Et c'est cette équipe elle-même, formant vraiment corps avec moi, qui me protégerait le plus sûrement en accomplissant mieux son travail, pour de meilleurs résultats d'ensemble dont tous pourraient bénéficier, et moi le premier. Par contre, il n'est pas certain que je sois mieux considéré de Guillaume en lui rapportant toutes les nouvelles le premier. Et mon prestige n'en est pas nécessairement augmenté.

Voilà ce qu'Armand aurait eu avantage à faire comme

confrontation. Le fait d'accomplir moi-même mentalement cette démarche m'aidait à mieux le comprendre dans une saine attitude d'empathie. Cette première étape me permit d'ailleurs de mieux définir les interventions de communication que j'avais choisies. Je m'attachai désormais à me faire le héraut et la voix de mon patron tout en instaurant avec prudence la communication qu'il aurait lui-même eu intérêt à établir dans son service.

J'occupai donc mes longues heures d'inactivité à m'intéresser à tout le monde dans le service. Je me suis systématiquement mis à l'écoute de tous, en ayant soin toutefois de ne pas pratiquer l'écoute pour l'écoute, mais plutôt une écoute orientée dans le sens de l'accomplissement des objectifs de notre organisation. Quand Armand constata mon jeu et qu'il m'en fit un reproche voilé en me disant que je gaspillais mon temps et celui des autres, je lui dis que j'étais justement en train de me familiariser tranquillement avec le service, comme il me l'avait conseillé, et je lui rapportai alors toutes les informations précieuses que j'avais recueillies, du moins celles que je pouvais lui transmettre. Comme il trouvait très intéressantes les nouvelles qu'il apprenait, en particulier sur l'attitude des employés et leur volonté de bien accomplir les objectifs de l'organisation, il me demanda de surveiller particulièrement les employés les plus récalcitrants pour lui rapporter leurs récriminations et essayer de les prendre en faute. Je lui répondis qu'il valait mieux continuer mon travail basé sur la confiance, car la confiance attire la confiance, et qu'avec le temps je risquais ainsi de gagner même les employés les plus récalcitrants. N'ayant pas tellement le choix, il me laissa continuer tranquillement mon travail de contact, d'autant plus que certains de ses informateurs lui rapportaient que je ne cessais de chanter ses louanges, heureux que j'étais de ma récente promotion. Et c'était vrai que je ne cessais de parler en bien de lui, mettant continuellement l'accent sur ses forces et taisant ses faiblesses en communication. Je laissais entendre à chacun que j'étais l'oreille d'Armand. Je posais à tous ces questions fondamentales: comment vois-tu le cheminement actuel de l'organisation et du service? Qu'est-ce que tu suggérerais de faire pour améliorer notre performance? Quels sont les objectifs que, à ton sens, nous aurions avantage à poursuivre? Je disais à chacun que je lui donnerais crédit de ses bonnes idées auprès d'Armand, ce que je faisais scrupuleusement, et Armand n'en revenait pas de tant de suggestions constructives.

Comme les employés se plaignaient d'être mal informés quant à leurs propres résultats et à leur intégration dans l'ensemble, désireux qu'ils étaient de savoir si leur travail était apprécié et voulant y apporter eux-mêmes les corrections requises si des ajustements devenaient nécessaires, je suggérai à mon patron de m'utiliser également comme son émetteur-relais vis-à-vis d'eux, et je fus surpris qu'il accepte. Je constatai alors que mon travail patient et systématique en communication commençait à porter des fruits et qu'Armand y voyait un certain intérêt. Je devais toutefois être très prudent auprès de tous car, étant donné que j'avais personnellement insisté sur la communication, ils avaient tendance à s'adresser à moi au sujet de plusieurs questions pour lesquelles je n'avais aucune autorité. Je les renvoyais alors au patron en leur disant: parles-en donc à Armand. Quant à leur donner du feedback sur le résultat de leur travail, je m'y attachai en utilisant toutes les données statistiques disponibles, en ayant soin d'obtenir l'approbation d'Armand dans chacun des cas. À ma grande surprise, j'obtenais toujours assez facilement son approbation.

Par ailleurs, Armand constatait qu'il devenait de mieux en mieux considéré dans le service. Il ne me voyait plus comme un intrus, d'autant plus que je m'interdisais toute critique à son sujet devant quiconque, cette critique ayant pu être interprétée comme un blâme s'il venait à l'apprendre. Je lui suggérai toutefois qu'il pourrait faire beaucoup mieux, du point de vue de la communication, en se donnant lui-même un rôle de communicateur, avec l'accent mis sur l'écoute, et en organisant des réunions systématiques de ses chefs de sections. Car les chefs de sections doivent apprendre eux-mêmes à communiquer, au point que cela devienne un état d'esprit dans le service, les chefs de sections étant à l'écoute de leurs subordonnés et agissant comme relais dans la communication entre eux et Armand. En regardant la communication sous cette optique, Armand fut surpris de voir que les réunions, d'inutiles qu'il les estimait autrefois parce qu'il ne les envisageait que de son point de vue d'émetteur (et, là encore, il ne disait que si peu de choses), devinrent très utiles et agréables, l'ordre du jour étant bâti pour connaître les opinions de chacun.

Armand voyait maintenant un intérêt à susciter une saine controverse autour de questions épineuses, ce qui lui permettait de mieux voir les avantages et les inconvénients de toute alternative avant de prendre une décision. Il s'apercevait également que, loin de lui nuire, la communication était en train de lui assurer une efficacité sans pareille, tous les efforts de son service convergeant dans la même direction. Il s'attacha ainsi à définir en équipe les objectifs de son service, sachant qu'un consensus autour de ces objectifs devenait un engagement ferme à y travailler. Armand avait compris, enfin, que la communication était très différente de l'information. Il avait compris qu'elle était perception, langage qui s'adressait aux émotions et efficacité si elle rencontrait les intérêts des personnes impliquées. Cela ne diminuait en rien son pouvoir de décision, et les décisions ainsi prises étaient plus adéquates. Armand avait commencé à communiquer parce qu'il y avait vu un certain intérêt et il s'en était finalement donné l'objectif, réalisant que la communication était extrêmement importante vu qu'elle allait essentiellement dans le sens de la coordination quant aux objectifs de son organisation, cette coordination étant elle-même la tâche spécifique d'un gestionnaire. Armand avait compris, avec le temps, qu'il ne risquait aucunement de perdre son prestige en communiquant, mais que son prestige se trouvait essentiellement dans la coordination efficace de son service, chacun recevant par ailleurs le prestige de sa propre participation aux résultats. Une telle redistribution du prestige contribuait à améliorer encore la communication.

Il y avait maintenant un an que j'occupais ma fonction d'adjoint administratif auprès d'Armand. C'est uniquement après un an que je pus vraiment répondre à la question que je me posais relativement à son utilité. Cet emploi était en effet devenu inutile grâce à mon travail. Ironie du sort: j'avais tellement bien travaillé dans l'intérêt d'Armand, en ayant constamment en vue les objectifs de son service, que j'étais devenu inutile. Je fis part de ma constatation à Armand, lui disant qu'il était devenu un communicateur si efficace qu'il pouvait facilement se passer de moi. Il protesta d'abord avec véhémence, puis il m'avoua que je lui avais vraiment appris à communiquer au cours de cette année et qu'il m'en était reconnaissant. Puis il avoua que le poste d'adjoint administratif était devenu inutile, les postes d'assistants ou d'adjoints étant d'ailleurs souvent à remettre en question systématiquement. Il convint avec moi qu'il abolirait ce poste dès que je me serais trouvé un emploi correspondant à ma classification, et qui me convienne.

J'en conclus que, devant un patron qui ne sait pas communiquer, on a d'abord avantage à essayer de le comprendre en se mettant à sa place. Puis, en partant de ses intérêts, on peut presque toujours réussir à combler l'absence de communication, tout simplement en la prenant soi-même en mains, toujours avec beaucoup de respect pour le patron. C'est là le secret!

Chapitre VI

Mon patron m'en veut

Trois mois plus tard, je quittai donc Armand pour aller occuper un poste d'adjoint administratif dans un autre organisme public. Il y avait une continuité dans le genre de travail que j'avais à exercer, par rapport à celui que j'avais exercé avec Armand, ce qui avait facilité ma mutation. Je devenais l'adjoint de Bertrand, lequel dirigeait plus de deux cents employés. On avait retenu ma candidature pour ce poste, suite à une entrevue devant un comité de sélection sur lequel Bertrand ne siégeait même pas. Je compris d'ailleurs peu après la raison de cette absence significative.

Bertrand connaissait à fond son travail, tout en étant profondément opposé à tout changement. Il voyait en effet dans les changements une menace à sa sécurité et à l'utilisation de ses compétences. Or, quelques mois plus tôt, Bertrand avait changé de chef immédiat, un nouveau directeur général ayant été nommé. Ce nouveau directeur général avait opté carrément pour le modernisme et voulait rénover cet organisme tout en utilisant au mieux les compétences existantes. Bertrand avait indiqué sa réticence en disant qu'il connaissait la boîte et qu'on se casserait la figure en voulant trop innover. Sa résistance devant les changements était telle que le directeur général avait pensé remplacer Bertrand par quelqu'un d'autre, mais il jugea qu'il se priverait ainsi de précieuses connaissances techniques sur le système existant, car Bertrand était vraiment un expert sur ce plan-là. Il était le seul, parmi les quatre directeurs relevant du directeur général, à avoir participé à l'organisation et à l'implantation de ce système. Ne pouvant se priver de ses connaissances, le directeur général décida de garder Bertrand, tout en lui adjoignant quelqu'un d'un peu plus souple qui pourrait faciliter la transition. Leur choix s'était donc arrêté sur moi comme représentant ce type d'adjoint souple et compréhensif qui pourrait faire voir à Bertrand son intérêt à évoluer vers un nouveau système.

J'arrivai donc, un bon lundi matin, pour exercer ma nouvelle fonction. On m'avait demandé de me présenter au directeur général, lequel devait m'introduire auprès de Bertrand, mon nouveau directeur et chef immédiat. C'est uniquement à ce moment-là que le directeur général m'apprit que Bertrand avait refusé d'intervenir comme membre du comité de sélection qui avait charge de choisir son propre adjoint, donnant comme raison qu'il n'avait jamais demandé d'adjoint, qu'il avait toujours fonctionné sans adjoint et qu'il n'en voulait pas plus aujourd'hui. Si on voulait lui en imposer un, le choix de la personne le laissait indifférent. Le directeur général m'avisa donc que mon travail serait extrêmement délicat vu que j'aurais à naviguer en eaux passablement troubles. Je lui répondis que j'avais déjà vécu des situations assez difficiles et que j'essayerais de faire de mon mieux, mais je me disais intérieurement: dans quel pétrin me suis-je encore embarqué!

Quand le directeur général me présenta à Bertrand, ce dernier se montra poli, mais froid. Puis, le directeur général étant parti, il me dit que j'aurais besoin d'étudier longtemps avant de pouvoir seulement fonctionner dans le système actuel, alors que la direction pensait à établir un nouveau système qui compliquerait les choses et qui mettrait la hache dans ce qui était, selon lui, le meilleur système au monde. Il me donna donc le manuel d'opération de sa boîte, ainsi qu'une copie de la loi régissant l'organisme, et il me relégua aux oubliettes. Comme j'avais déjà vécu une telle situation avec Maurice, puis avec Armand, je ne m'énervai nullement et je me mis à l'étude, tout en me disant que ma tâche ne serait pas facile, car j'étais l'homme du directeur général, pas du tout le choix de Bertrand.

Pendant les deux mois qui suivirent, je fus systématiquement ignoré par Bertrand, et même de façon hostile. Lorsque je lui demandais quelque renseignement pour mieux connaître sa direction, il me disait que c'était à moi de le trouver, qu'il n'avait pas à jouer à la bonne d'enfant et que de toute façon je n'avais qu'à aller le demander à mon protecteur, terme qu'il utilisait maintenant pour désigner le directeur général. Je rencontrais parfois ce dernier, par hasard, dans les couloirs, même si je n'étais jamais appelé à son bureau. Il me demandait alors comment ça allait, et je répondais que la relation avec Bertrand n'était pas facile et qu'il n'acceptait toujours pas ma nomination, mais que ça viendrait bien, à force de patience. Toutefois, j'en étais las de patienter, d'être ignoré la plupart du temps et d'être rabroué violemment en plusieurs occasions et sans raison apparente. Bertrand semblait maintenant prendre un malin plaisir à me donner des ordres contradictoires, de sorte que je ne savais où donner de la tête pour lui faire plaisir.

Car je voulais lui faire plaisir et gagner sa confiance. Dans mon esprit, la critique à son égard était impossible, et je ne voulais pas remettre en question certaines de ses positions sans avoir préalablement gagné sa confiance. Avec l'habitude de l'approche émotivo-rationnelle, et grâce à l'application que j'en avais faite dans mes emplois précédents, j'en étais arrivé assez rapidement à me conditionner mentalement pour assurer ma stabilité émotive. Je m'étais dit intérieurement qu'il n'avait pas à être gentil avec moi, qu'il n'était pas obligé de m'accepter ni de me considérer et qu'il pouvait même me détester puisque tel était le choix qu'il semblait avoir fait. Cela m'était très désagréable, mais ce n'était en aucune façon une catastrophe et une abomination qui puisse m'empêcher de vivre. La vie étant ainsi faite que j'avais des moments pénibles à vivre, un peu comme tout le monde. Et rien ne disait que cela ne devait pas m'arriver, à moi comme à d'autres. J'étais donc parvenu, assez rapidement à l'acceptation d'une réalité qui, à mes yeux, était très imparfaite. Ce qui ne voulait pas dire qu'il n'y avait rien à faire pour l'améliorer.

C'est donc à cette deuxième tâche que je m'attaquai aussitôt. Je voulais bien gagner sa confiance, mais à quel prix? Irais-je jusqu'à accepter la passivité totale pour lui faire plaisir? La critique était impossible, me disais-je? Mais quel prix devrais-je payer pour m'interdire ainsi toute critique? Irais-je jusqu'à agir de façon servile et à devenir un lèche-bottines? Je réalisai que la phase d'acclimatation avait assez duré et qu'il était temps de passer à l'action.

Or, inconsciemment, j'avais déjà franchi la première étape de l'action qu'il est souhaitable d'entreprendre dans de telles circonstances, cette première étape consistant d'abord à comprendre mon patron. Comme je n'étais aucunement agressif à son égard, qu'avait-il donc à m'en vouloir pour agir de façon aussi hostile à mon égard? La première idée irréaliste qui occupait vraisemblablement son esprit était que le directeur général n'avait pas le droit de lui imposer ainsi un adjoint. Or cette idée était tout à fait irréaliste: en effet, je n'avais pas besoin d'observer longtemps la réalité pour constater que le directeur général a la possibilité d'adjoindre à Bertrand une personne dont il ne veut pas, ce qui constitue un droit inscrit dans sa nature de personne humaine pouvant faire des choix, du moment qu'il est dans la position pour le faire, ces choix incluant des choix qui peuvent déplaire à Bertrand.

Bertrand aurait eu avantage à être intérieurement en contact avec cette réalité: mon patron a le droit de me donner un adjoint dont je ne veux pas, car il n'est pas obligé de me faire plaisir. De la sorte, Bertrand n'aurait pas ressenti d'hostilité à l'égard du directeur général, son chef immédiat.

Dans le cas de Bertrand, cette hostilité à l'égard de son chef immédiat générait également une hostilité à mon égard, puisque j'étais là de par la volonté de son chef immédiat. Je devais donc être condamné du même coup, car moi aussi j'étais coupable d'avoir participé au complot ourdi contre Bertrand. Je devais en supporter les conséquences et subir ses foudres. Comme il était assez difficile pour Bertrand de s'attaquer au directeur général, je devenais l'objet tout désigné de sa vengeance. Pour être si hostile à mon égard, il devait se dire intérieurement que je n'avais pas le droit de travailler comme son adjoint, ce qui était assez facilement contredit par la réalité puisque, précisément, j'étais son adjoint.

À ces idées de base pouvait s'ajouter l'idée que l'on n'avait plus confiance en lui, que cela était abominable et effroyable, qu'il ne méritait pas cela et que c'était injuste. Il pouvait également se dire qu'on le considérait comme un incompétent puisqu'on voulait lui donner "un double", et que j'étais donc là pour lui ravir sa position dès que j'aurais accumulé assez d'informations pour fonctionner normalement. Je constituais donc un grave danger pour lui et il se verrait un jour écrasé par cet adversaire sournois que j'étais. J'étais donc un hypocrite de la pire espèce, me faisant doucereux pour mieux le trahir et pour mieux lui donner un jour un coup de poignard dans le dos.

On voit que ces dernières idées sont particulièrement bien choisies pour susciter chez leur auteur une charge énorme d'anxiété. Pour se libérer de cette anxiété, Bertrand aurait eu avantage à les considérer une à une et à les confronter avec la réalité. S'il était arrivé à croire vraiment à la réalité, il se serait libéré du même coup de cette anxiété. Passons donc ces idées en revue une à une. Bertrand se disait d'abord qu'on n'avait plus confiance en lui: cela pouvait effectivement être le cas, à cause de son comportement qui n'était ouvert à aucun changement, mais même si tel pouvait être le cas, cela n'était ni abominable ni effroyable, sinon il n'aurait pu le supporter, ce qui était contredit par la réalité puisqu'il était toujours vivant. En outre, il était loin d'être réaliste en croyant qu'il ne méritait pas cela et que c'était injuste car, dans la réalité, nous ne méritons rien et il n'y a rien d'injuste: la réalité est objective, peu importe les personnes concernées. Ce qui arrive arrive. Et rien ne dit, dans la réalité, que Bertrand doit être exempté de vivre des choses qui lui soient désagréables. Toutefois, par le travail positif de son esprit, il peut dédramatiser des choses qui lui semblent atroces, tout simplement en regardant la réalité telle qu'elle est et en constatant que des choses désagréables arrivent à des gens qui mènent une très "bonne" vie comme à d'autres qui mènent une "mauvaise" vie, la morale et le mérite n'y étant pour rien. Et ce n'est pas parce que Bertrand a donné vingt ans de loyaux services à son organisation qu'il devient intouchable et que ses désirs doivent avoir force de loi.

Le considérait-on comme incompétent parce qu'on lui adjoignait "un double"? C'était peut-être le cas en partie, car la compétence n'est pas seulement technique: elle comprend également une grande ouverture aux relations humaines, une bonne stabilité émotive et une orientation constante en fonction des objectifs de l'organisation. On avait probablement voulu compenser pour les faiblesses de Bertrand en lui accolant un adjoint qui ait précisément les qualités qui lui manquaient. Que je sois là pour lui ravir sa position était sûrement à tout le moins fantaisiste, car je n'en avais nulle intention, et le directeur général ne m'en avait aucunement soufflé mot, mais il faut bien avouer que cela demeurait une possibilité, même si c'était peu probable. Cette possibilité représentait-elle un grand danger pour Bertrand? Il aurait pu constater que le danger était très lointain, premièrement parce que cela me prendrait beaucoup de temps pour bien établir ma compétence technique, même si par hasard il décidait un jour de me favoriser de sa collaboration, et deuxièmement parce que je n'étais pas un expert dans les systèmes vers lesquels le directeur général voulait s'orienter. Non, Bertrand aurait pu facilement conclure que tous les indices et toutes les probabilités indiquaient qu'on lui avait fourni un adjoint préoccupé par les relations humaines et leur bonne utilisation dans la poursuite des objectifs de l'organisation pour compenser sa propre faiblesse dans ce domaine. Il voyait donc en moi un danger qui n'existait même pas. Et ses propres croyances irréalistes l'amenaient à me mettre de côté, alors qu'il aurait eu intérêt à m'utiliser.

C'est cet intérêt à m'utiliser que je résolus de lui démontrer. Si, en effet, je pouvais réussir à lui montrer que c'était dans son intérêt de travailler avec un adjoint qui le complète par des qualités différentes, nous pourrions travailler à mieux réaliser les objectifs de la direction, et c'est lui, encore plus que moi, qui récolterait les bénéfices d'une efficacité accrue. Pour ce faire, je résolus d'y aller carrément, sans détours, et de lui parler à coeur ouvert. C'est ainsi que je choisis un moment où je le savais plus disponible pour l'aborder et lui demander de jaser dans son bureau. Il accepta, quelque peu intrigué.

Je n'y allai pas par quatre chemins. Je lui racontai comment j'avais vécu mon entrée en fonction comme adjoint, combien j'avais été surpris qu'il ne fasse pas partie du comité de sélection qui avait accepté ma mutation et que je voyais bien qu'il souffrait de ma présence. Je lui démontrai que je ne pouvais en rien être une menace pour lui. Et j'en conclus que, en conséquence, l'intention de la direction, à son égard, devait définitivement être de le conserver à son poste afin de continuer à utiliser ses connaissances précieuses tout en évoluant pour moderniser l'organisme. Je lui dis que, quant à moi, je croyais posséder des qualités de diplomatie et de relations humaines qu'il serait dans son intérêt d'utiliser, et que je ne demandais pas mieux que de les mettre à son service, car je le voyais se faire du tort considérablement à lui-même en se fermant à toute évolution. Et, finalement, en continuant d'agir de la sorte, il pouvait pousser le directeur général à décider de le remplacer par un autre directeur un peu plus ouvert, ce que précisément il redoutait le plus. Quant à moi, s'il ne voulait absolument pas me voir dans sa direction ni m'utiliser, je ne m'accrocherais pas à cet emploi et je me mettrais immédiatement à la recherche d'un autre emploi, avec le regret de n'avoir rien accompli dans celui-ci.

J'étais surpris que Bertrand m'écoute avec autant d'attention, et je dirais même avec de la sympathie, mais il me dit que j'étais encore plus naïf qu'il ne l'avait cru. Tout en se disant disposé à ce que nous travaillions en collaboration, il affirmait ne pas comprendre que je n'aie pas encore vu les avantages du système actuel, ce système que précisément on voulait détruire. Il savait combien ce système était précieux et avait prouvé son efficacité. "Et l'on veut détruire ce que j'ai bâti avec tant de difficulté. Non jamais je ne les laisserai faire." Je vis alors que j'avais franchi un pas immense et qu'il ne me considérait plus comme son ennemi. C'était déjà un gain énorme. Mais il restait quand même un fond de méfiance. Et je constatai de plus qu'il s'était tellement identifié à son oeuvre que, si on s'y attaquait, on l'attaquait lui-même directement. Si on détruisait cette oeuvre, on le détruirait lui-même en même temps. Bertrand ne faisait en effet aucune différence entre ses actes et sa personne: il en devenait extrêmement vulnérable. C'est ce que je cherchai à lui démontrer, mais sans aucun succès.

Il continua à se fermer à toute évolution et à tout

changement, le faisant toutefois désormais avec un certain défaitisme, car il sentait que la modernisation gagnait du terrain. Il ne voulait pas se rendre cependant, estimant que toute concession pouvait paraître une reddition. Entretemps, je travaillais de mon côté à maintenir un lien avec le directeur général. Je demandai à Bertrand la permission de rencontrer directement le directeur général quand bon me semblerait. Il me l'accorda, de guerre lasse, en me disant: "Tu peux le rencontrer aussi souvent que tu le voudras, mais ne pense pas me faire ainsi changer d'idée." Je réalisai qu'il maintenait toujours dans son esprit l'idée que le directeur général ne devrait pas même songer à améliorer le système actuel et que c'était une attaque directe contre sa personne.

À partir de là, j'essayai de retarder les échéances de l'étude et de l'introduction d'un nouveau système, afin qu'on puisse à la fois bénéficier des connaissances précieuses de Bertrand et l'intégrer progressivement dans une démarche d'ouverture sur l'avenir. Mais le directeur général me fit remarquer que je ferais mieux de travailler désormais sur autre chose, puisqu'il estimait que l'on avait retardé assez longtemps le projet et que le temps n'était plus à la tergiversation. Il optait de façon claire et nette pour l'avenir, et tant pis pour Bertrand puisqu'il ne voulait pas suivre. Je réalisai que l'objectif de l'organisme ne souffrait plus aucun délai et que Bertrand était perdu. Il fut même avisé par le directeur général que l'organisme avait choisi une évolution prudente vers l'avenir, et qu'il ne pouvait plus lui faire confiance pour travailler sur ce projet vu ses réticences nombreuses et répétées. En conséquence, il l'informa que je serais dorénavant l'interlocuteur de notre direction en ce qui concernait ce projet, ce qui constituait un désaveu complet de Bertrand.

J'étais désolé de l'aboutissement de cette affaire, mais je constatais que je n'y pouvais rien. J'avais réussi à convaincre Bertrand que je n'étais pas son ennemi, et il avait cessé de m'en vouloir, mais il avait continué de croire que le directeur général était toujours son ennemi et qu'il voulait le détruire en détruisant son oeuvre. Son agressivité étant maintenue à l'égard du directeur général, il se dirigeait assez sûrement vers un mur contre lequel il s'écraserait. Bertrand souffrait des conséquences de l'idée irréaliste que les autres n'avaient pas le droit de s'opposer à lui et à ses idées. Il n'avait pas appris à voir le conflit comme un signal avertisseur d'une menace plus profonde, comme la douleur sert de signal à un dérèglement du corps. Il aurait eu avantage à se poser les questions suivantes: Tu crois que ton directeur général te déteste? Quelles preuves en as-tu dans la réalité? Tu crois que tous sont de connivence avec lui pour avoir ta peau? Quelles sont les preuves à cet effet? Et même si le directeur général et tous tes collègues directeurs te détestaient, en quoi cela t'empêcherait-il de vivre et qu'y aurait-il là de si abominable? En quoi leur opposition à tes idées est-elle quelque chose de mauvais? Cela empêcherait-il l'organisation d'opérer, comme tu sembles le prétendre? Ne t'aperçois-tu pas que, en t'opposant à toute ouverture sur l'avenir, tu refuses même d'écouter leurs arguments, arguments qu'il serait dans ton intérêt de connaître, même si ce n'était que pour mieux y répondre?

S'il avait répondu honnêtement à ces questions, il aurait pu s'apercevoir que le directeur général ne lui en voulait aucunement, mais qu'il désirait plutôt ne rien négliger pour construire l'avenir: il avait même créé le poste d'adjoint que j'occupais spécialement pour essayer d'intégrer Bertrand à son projet. Et si, devant une opposition faite à ses propres idées par le directeur général ou par ses confrères directeurs, Bertrand s'était dit qu'ils avaient le droit de s'opposer à lui et qu'il avait intérêt à les écouter, il aurait alors vu le conflit de façon constructive, ce qui lui aurait permis d'aller au-delà du conflit et d'en découvrir les raisons profondes. Connaissant ces raisons, il aurait pu discuter et gagner certaines choses sur certains points. Il serait peut-être arrivé à un compromis honorable, compromis qui lui aurait permis de travailler de façon intéressante. Plutôt que de s'isoler et de refuser la controverse, Bertrand aurait eu avantage à y participer pour mieux éclairer le problème et arriver à une meilleure décision avec la collaboration de ses supérieurs. N'ayant pas vu son intérêt dans la controverse, Bertrand se condamnait lui-même à l'isolement et à l'amertume. Trois mois plus tard, il était muté officiellement à un autre poste, malgré ses protestations. On me demanda d'exercer l'intérim.

Je constatai, encore une fois, combien l'attitude est au moins autant, sinon plus importante, que les connaissances en administration. La bonne attitude attire la sympathie presque aussi sûrement que la mauvaise attitude attire l'antipathie. Mon attitude dans mon conflit avec Bertrand me faisait voir qu'il n'était pas obligé de me faire plaisir et qu'il avait le droit de ne pas m'accepter, dans son for intérieur, comme son adjoint, et que c'était dans mon intérêt de le comprendre et de l'écouter. C'est cette attitude qui contribua à ce qu'il cesse de me voir comme son ennemi. Par ailleurs, Bertrand avait une attitude tout à fait contraire à la mienne avec son patron, le directeur général: il ne lui donnait pas le droit, dans son for intérieur, d'avoir une opinion différente de la sienne et il ne voyait pas d'intérêt dans la controverse, pour en arriver à de meilleures décisions. C'est ce qui le perdit. Car, qu'on le veuille ou pas, le conflit existe dans les organisations, et il y est pour rester. Nous devrions plutôt le voir comme avantageux, comme le signal nous avertissant que quelque chose ne va pas, pour nous permettre de procéder à un meilleur examen des alternatives possibles et arriver à de meilleures décisions qui nous permettent de solutionner le conflit.

Chapitre VII

Mon patron se prend pour Dieu le Père

J'exerçai l'intérim pendant un mois seulement, car un nouveau directeur avait déjà été choisi pour remplacer Bertrand. Il s'agissait de Gabriel, parfaitement vendu à l'idée de faire évoluer notre organisme vers l'avenir. Je dirais même qu'il était uniquement vendu à ça, qu'il ne pensait qu'à ça et qu'il en rêvait même. Il rejetait en fait tout ce qui ne cadrait pas avec cet objectif et il n'était pas très fort sur l'écoute de tous ceux qui essayaient de lui faire voir les avantages du système actuel. Car, selon lui, tout ce qui appartenait au système actuel n'était que vieilleries, et c'était complètement dépassé.

Notre directeur général, fatigué de la résistance au changement témoignée par Bertrand, avait cherché et trouvé tout à fait son opposé dans Gabriel. Nos problèmes ne faisaient que commencer. Gabriel avait été promu à son nouveau poste de directeur à partir d'un poste de chef de service dans une autre direction de notre organisme. Depuis que notre directeur général avait proposé d'améliorer notre système en pensant à l'avenir et à toutes les techniques modernes, Gabriel s'était montré tellement enthousiaste qu'il avait réussi à aveugler tout le monde sur les connaissances vraiment insuffisantes et même déformées qu'il avait du système actuel. Il avait été choisi pour créer l'avenir: il laisserait sa marque comme un destructeur du passé, avec tout ce qui y était contenu de plus précieux.

Gabriel n'était pas que favorable à l'avenir, il était téméraire devant le changement. Il n'en voyait que les aspects positifs et mettait résolument de côté tous les aspects négatifs qu'on lui présentait. Comme j'avais travaillé assez longtemps avec Bertrand, ce dernier m'avait fait découvrir les nombreux avantages du système en vigueur, et c'est pourquoi j'essayai de les faire voir également à Gabriel, mais il ne voulait pas m'écouter. Il avait toujours raison. Il se prenait pour Dieu le Père. Je revins à la charge à plusieurs reprises pour essayer de modifier certains aspects du projet, mais ma démarche fut parfaitement inutile: le nouveau système était prêt et on l'implanterait coûte que coûte, en s'en tenant à l'échéancier établi.

J'en étais démoralisé et je disais à de rares intimes: "À quoi cela sert-il de travailler. Voyez donc comment il vous écoute!" Je constatai alors que je m'étais encore éloigné de l'exercice de cette philosophie exceptionnelle que constitue l'approche émotivo-rationnelle, et je décidai d'y revenir pour rétablir au mieux une stabilité émotive quelque peu ébranlée. J'entrepris donc de confronter les idées irréalistes qui habitaient mon esprit. J'identifiai d'abord qu'il y avait chez moi de l'agressivité à l'égard de Gabriel parce que je me disais intérieurement qu'il devrait écouter mes arguments, que cela lui éviterait des erreurs et des coûts énormes pour l'organisme. Il n'avait pas le droit de refuser ainsi de m'écouter et de prendre note des aspects négatifs de son projet. Pour chasser mon agressivité, je n'avais qu'à constater, dans la réalité, qu'il avait parfaitement le droit, même si c'était téméraire, d'opter pour son projet en n'en voyant que les aspects positifs et en refusant d'y changer quoi que ce soit. Et, même si ce n'était pas à son avantage, il avait entièrement le droit de croire que lui seul avait raison. En me disant que c'était son droit de faire ce qu'il faisait, mon agressivité disparut totalement.

Mais, comme je le disais plus haut, mon agressivité s'accompagnait de dépression, car je me sentais démoralisé de n'être pas écouté, de voir que mes interventions auprès de Gabriel ne servaient à rien et qu'il ne m'écoutait pas malgré tout mon travail. J'étais en train de me dire que ma valeur comme être humain avait diminué du fait que je n'avais pas réussi à me faire écouter de Gabriel. J'étais donc devenu un être inutile, mauvais et indigne de vivre. Que la vie était donc triste! Je sortis assez vite de cette mini-dépression en confrontant ces idées noires avec la réalité. La réalité n'est-elle pas en effet que ma valeur, comme être humain, reste toujours égale, peu importe ce qui arrive? Je demeure donc toujours bon, car ma bonté vient du seul fait que j'existe. Peu importe que je réussisse ou non à me faire écouter, car ma valeur est indépendante de mes succès et de mes échecs. Je ne vaux rien de plus quand je réussis et je ne vaux rien de moins quand j'échoue. Je demeure un être humain, ni plus ni moins.

J'examinai par ailleurs les idées à l'origine de mon anxiété, car je constatai également que j'étais devenu anxieux. J'étais en train de me dire que la témérité de Gabriel était effroyable et abominable et qu'elle constituait une menace pour moi autant que pour l'organisme car nous risquions de nous retrouver devant des problèmes d'application énormes. Me reprocherait-on alors de n'avoir pas suffisamment insisté pour en présenter les risques à Gabriel? Et les conséquences sur ma carrière ne risquaient-elles pas d'être graves? Je confrontai ces idées noires avec la réalité de la façon suivante: c'est vrai, d'après moi, que Gabriel est téméraire et qu'il refuse de voir les risques qu'il court. C'est vrai qu'il est probable que l'organisme en souffre, mais j'ai suffisamment mis Gabriel en garde devant ces risques et le directeur général lui-même est au courant de la situation. J'ai donc fait ce qui était en mon pouvoir. Que le projet soit un succès ne peut me nuire et nuire à ma carrière, puisque je ne me suis pas opposé à ce projet comme tel, mais seulement à certaines de ses modalités. Et qu'il soit un échec ne peut pas me nuire non plus, puisque j'ai bien averti Gabriel au sujet d'éléments précis qu'il aurait intérêt à améliorer. Le danger est donc minime. Et même si Gabriel me gardait rancune de mes interventions, ce serait peut-être désagréable, mais ça ne saurait en rien être abominable ni effroyable.

Ayant ainsi retrouvé une assez bonne stabilité émotive, je me posai alors la question à savoir s'il y avait quand même quelque chose à faire pour améliorer la situation. Or, la première étape consiste à essayer de comprendre mon patron, à me mettre à sa place dans un mouvement d'empathie. Il s'agissait donc pour moi de savoir quelles idées pouvait bien entretenir Gabriel pour être aussi fermé à toute opinion qui ne cadrait pas avec la sienne. Je crus percevoir qu'il croyait tout simplement avoir toujours raison, et qu'il se voyait comme un être parfait, un vrai dieu. Possédant la vérité à lui tout seul, il ne voyait aucun intérêt dans l'écoute de ceux qui l'entouraient, d'autant plus que son opinion allait dans le sens de celle du directeur général. Que ses subordonnés aient des opinions différentes de la sienne ne lui occasionnait aucune anxiété ou, à tout le moins, il n'en manifestait aucune. Il semblait trouver son seul intérêt dans son opinion et dans celle du directeur général, aucunement dans la nôtre. Quelle serait alors l'action la plus susceptible de lui faire entendre raison et de l'amener à nous écouter? J'eus beau me creuser la tête, je n'en trouvai aucune. J'avais en effet essayé à maintes reprises de lui faire voir les risques inhérents à son projet, et chaque fois j'avais été rabroué. Serait-il bon que j'aille voir le directeur général pour lui faire part de mes appréhensions? Je pensais en effet que le changement était mal préparé, qu'il serait souhaitable de donner des sessions d'information à tous les employés et que des modifications soient apportées au projet. Gabriel pourrait alors interpréter mon intervention comme un bris non autorisé de la ligne hiérarchique, et le directeur général lui-même pourrait penser que je me faisais encore l'émissaire des vieilles idées de mon ex-patron, Bertrand.

Je résolus donc de laisser Gabriel aller de l'avant avec son projet, sans intervenir davantage. J'anticipais de grandes difficultés de réalisation, mais j'en étais arrivé à penser que, en dépit des coûts pour l'organisme et malgré l'opinion des employés, Gabriel ne se laisserait aucunement arrêter dans sa démarche. Seule l'évidence d'un échec pourrait l'amener à adopter une attitude plus réaliste. Et c'est dans un tel contexte que Gabriel implanta son projet. Ayant négligé de bien former les employés au nouveau système, il fit face à une résistance très forte de leur part dès la première phase de l'implantation. Les difficultés s'accumulèrent, ainsi que des délais immenses dans la procédure. Gabriel autorisa du temps supplémentaire pour faire face à la musique, en même temps qu'il organisait des cours intensifs pour mieux former les employés au nouveau système. Il me nomma même responsable de ces cours que je lui avais pourtant recommandé de bâtir longtemps avant la première phase de l'implantation. Et nous dûmes faire face à des cours organisés à la hâte, littéralement improvisés, mais qui étaient encore mieux que rien. Il y eut une amélioration appréciable dans la productivité suite à ces cours.

Cependant, plusieurs difficultés subsistaient, et les délais de production étaient toujours assez longs. Je demandai à Gabriel de retarder le début de la deuxième phase de l'implantation, car cette deuxième phase compliquait singulièrement le processus d'opération, et Gabriel n'y avait pas apporté les modifications que je jugeais importantes. Mais il était intraitable: le projet devait se dérouler comme prévu. Je lui suggérai que, devant les difficultés que nous avions déjà rencontrées, il pourrait à tout le moins adopter certaines modifications que je lui suggérais avant d'introduire la deuxième phase, mais c'était peine perdue: aucune modification ne serait apportée. Gabriel avait toujours raison.

La deuxième phase du projet fut donc introduite alors que nous n'avions pas vraiment réussi à implanter la première. Les difficultés furent multipliées par dix et les délais de production augmentèrent d'autant. Comme le temps supplémentaire était maintenu pour faire face à la musique, les employés devenaient de plus en plus fatigués, et un jour vint où le temps supplémentaire ne servait plus qu'à combler le fossé creusé par les absences pour cause de maladie. Les coûts du projet devenaient astronomiques et le directeur général intervint de façon quasi brutale pour dire à Gabriel que la troisième et dernière phase du projet ne serait pas entreprise avant que la deuxième phase soit parfaitement maîtrisée, qu'il devait procéder immédiatement à toutes les modifications que je lui avais suggérées pour la deuxième phase et qu'il devait prévoir faire de même pour la phase à venir.

Gabriel fit une dépression profonde. Il m'avoua alors qu'il aurait bien dû nous écouter, moi et le groupe d'employés qu'il dirigeait et que son désir de bien faire l'avait perdu. Il voulait faire sien l'objectif du directeur général de filer à grande allure vers l'avenir, mais cet objectif lui-même l'avait perdu. Il ne l'avait pas vraiment fait sien, en l'examinant à travers toutes les contraintes de son poste, en tenant compte des possibilités de résistance au changement des employés et en s'y préparant de façon constructive afin de diminuer cette résistance. Il ne l'avait pas fait sien en procédant à une analyse minutieuse qui lui permette d'écouter les opinions contraires, et au besoin de susciter la controverse afin de mieux voir les ajustements et les modifications qu'il était souhaitable d'apporter. De toute façon, il fallait maintenant les apporter ces ajustements et ces modifications, et c'était sans appel. Si par ailleurs il avait vraiment fait sien l'objectif du directeur général, en utilisant sa propre vision des choses, il aurait pu tenir compte un peu plus de l'ancien système pour mieux effectuer la transition vers le nouveau. Il avait, en oubliant cette donnée importante, répété exactement la même erreur que son prédécesseur, mais en sens inverse, Bertrand étant attaché au passé et résistant au changement et Gabriel voulant à tout prix le changement et faisant fi du passé. Or, l'on sait combien l'histoire d'une entreprise est importante lorsqu'on introduit des changements: le fait de bien connaître cette histoire nous aide à éviter des gaffes qu'il faudrait de toute façon réparer plus tard. Et le respect pour l'histoire de l'entreprise ne nous empêche pas d'opter pour une évolution prudente vers l'avenir.

Gabriel étant maintenant dépressif, je lui indiquai un moyen très simple de s'en sortir: la philosophie émotivo-rationnelle. Cette philosophie est en effet très simple et efficace, même si elle est difficile à adopter en ce sens qu'elle demande beaucoup de travail personnel. Je lui fis remarquer que, lorsqu'il me disait qu'il aurait dû m'écouter, il me répétait sûrement la phrase qu'il était en train de se dire intérieurement, et que cette phrase ne pouvait le mener qu'à la culpabilité. Regardons en effet un instant la réalité. Tout ce que je vois, c'est que Gabriel ne voulait rien savoir ni de mon opinion ni de celle d'aucun de ses subordonnés. Il ne nous écoutait pas. Rien dans la réalité n'indique qu'il aurait dû nous écouter. Cela aurait peut-être été souhaitable pour lui, mais de là à dire qu'il aurait dû! Car s'il avait dû, il l'aurait fait. Il ne lui sert à rien de se dire, après coup, qu'il aurait dû, puisque le passé est accompli et qu'il ne revient jamais. Le passé est passé. Vouloir refaire le passé n'entraîne que de la culpabilité, ce qui est complètement inutile. Gabriel n'avait donc qu'à constater que telle était la réalité et à y croire pour que tout sentiment de culpabilité disparaisse. Oh! je sais bien qu'il faut souvent refaire la même confrontation et se répéter la même vérité, dans certains cas, pour déraciner une idée irréaliste trop profondément enracinée, mais je crois que l'effort en vaut vraiment la peine, pour se sentir mieux, en bonne forme psychologique.

En plus de se sentir coupable de ne pas m'avoir écouté, Gabriel se disait intérieurement qu'il était un individu minable, une nullité, un vaurien, puisqu'il était dépressif. Car c'est le genre d'idées qui causent la dépression. Comme on le voit, il s'agit d'idées relatives à une diminution de sa valeur personnelle. J'eus assez de peine à démontrer à Gabriel qu'il n'avait rien perdu de sa valeur personnelle en vivant cet échec partiel, et que cela pouvait même lui être d'une grande utilité pour l'avenir, puisque l'expérience est constituée de l'ensemble de nos erreurs et que l'on peut apprendre de façon très efficace en en tirant des leçons. J'expliquai à Gabriel que je n'avais vraiment pas apprécié les décisions qu'il avait prises, mais que ces décisions et les gestes qui s'ensuivaient n'altéraient en rien la valeur de sa personne puisqu'ils étaient totalement détachés de sa personne, l'être n'étant jamais constitué ni de ses actes ni de ses avoirs. Il occupait un poste de directeur et il avait rempli plutôt mal sa fonction en prenant surtout de mauvaises décisions, mais cela ne voulait pas dire qu'il prendrait toujours de mauvaises décisions à l'avenir, surtout s'il profitait de ses erreurs pour améliorer sa vision des choses.

Je constatai que les sentiments dépressifs de Gabriel étaient accentués par le fait qu'il soit perfectionniste. Il fallait en effet que son adhésion à ce projet soit totale et entière et que son succès soit parfait, sans quoi Gabriel devenait indigne de vivre. Quoi de plus difficile que d'essayer d'être un dieu, et comment un être humain pourrait-il y arriver! En étant tellement exigeant dans la réalisation de son projet, Gabriel n'avait pas compris qu'il le rendait par le fait même difficilement acceptable pour les humains qui l'entouraient, de là l'énorme résistance au changement qui se manifesta dans sa direction. Curieux retour des choses: plus on exige, moins on obtient. Si l'on veut atteindre des objectifs élevés, mieux vaut y mettre le temps et fournir des efforts constants, en n'oubliant jamais que nous avons à vivre avec des contraintes de toutes sortes, qu'elles soient de nature financière, matérielle ou humaine.

Gabriel aurait eu avantage à se poser cette question fondamentale pour un gestionnaire: en quoi puis-je améliorer mes décisions et mes gestes pour devenir un meilleur gestionnaire? Comment en somme puis-je améliorer ma moyenne au bâton? Car je sais que, peu importe ce que je fasse, je demeure toujours un être humain, imparfait comme tous les êtres humains. Pour prendre de meilleures décisions, j'ai donc intérêt à écouter ceux qui m'entourent pour essayer de voir toutes les facettes de la situation avant de m'y embarquer. J'ai aussi intérêt à prévoir les réactions des gens qui sont impliqués en m'enquérant de leur opinion avant d'appliquer une décision. J'ai ainsi de meilleures chances que mes décisions s'appliquent toutes seules, ceux qui sont chargés de les appliquer ayant eux-mêmes participé à la prise de décision.

C'est ainsi que j'échangeai avec Gabriel. J'avais été impuissant, dans l'action, à persuader Gabriel qu'il avait intérêt à m'écouter. La réalité s'était chargée de passer le même message, de façon très efficace mais combien plus désagréable pour Gabriel et combien plus coûteuse pour l'organisation. Il arrive ainsi que je puisse difficilement aider mon patron à m'aider, mais il me reste toujours la possibilité de m'aider moi-même, par l'acceptation d'une réalité qui me semble imparfaite, grâce à l'instrument merveilleusement efficace de la confrontation. Par ailleurs, si je n'ai pu empêcher Gabriel de prendre des décisions que j'estimais très préjudiciables à l'organisation et à nous-mêmes, j'ai pu me consoler au moins en l'aidant par la suite à se remettre de ses sentiments dépressifs et culpabilisants.

Chapitre VIII

Mon patron veut
toujours nous punir

Gabriel fut pour moi le meilleur des patrons pendant environ six mois, le temps de donner à notre direction la possibilité de se remettre d'aplomb suite aux nombreuses erreurs commises. Gabriel semblait s'être remis assez vite de sa dépression, et j'estimais l'y avoir passablement aidé. Je ne savais pas qu'il nous mènerait dans un autre enfer dès qu'il se sentirait plus fort: si je l'avais su, peut-être ne lui aurais-je pas apporté autant d'aide durant sa période dépressive.

Pendant les six mois qui suivirent les nouvelles directives du directeur général, il fut tout oreilles pour moi et les employés de notre direction. Il apporta rapidement toutes les modifications que j'avais suggérées, de même que celles que lui proposèrent les employés les plus expérimentés de sa direction. La mise en vigueur de ces modifications, ainsi que sa nouvelle attitude faite de souplesse et d'écoute atténuèrent considérablement la résistance au changement dans la direction. Le temps supplémentaire et les absences pour cause de maladie diminuèrent. Les retards dans la production furent progressivement résorbés au point de devenir inexistants. Les employés ne se sentaient plus écrasés par la charge de travail, car ils voyaient enfin de la lumière au fond du tunnel. Tous savaient enfin où ils allaient, et ils joignaient leurs efforts à ceux de leur directeur pour reprendre pied sur du terrain solide et rétablir la production d'antan avec de nouveaux instruments. Gabriel adopta également de bonne grâce les modifications que je suggérais pour la troisième et dernière phase du projet, phase qui devait être inaugurée dès que nous serions certains d'avoir bien maîtrisé les deux premières phases. Bref, tout se déroulait bien jusqu'à ce que Gabriel reprenne du poil de la bête.

Au fur et à mesure que les corrections apportées donnaient des résultats et que la production s'améliorait, Gabriel s'en attribuait le mérite. Comme il était en contact fréquent avec le directeur général, il en profitait pour polir le plus possible son image, même s'il devait noircir la nôtre par la même occasion. Il semblait chercher à reprendre progressivement l'autorité et le pouvoir qu'il avait perdus d'un seul coup quelques mois auparavant. Son attitude se faisait de plus en plus arrogante, comme s'il voulait compenser par des démonstrations de force les quelques mois passés en communication et en souplesse, et qui pouvaient lui apparaître maintenant comme une faiblesse. Et il prit de plus en plus de mesures vindicatives et punitives, précisément contre ceux qui lui avaient le plus aidé à rétablir la situation. Tout dans sa façon d'agir nous disait: vous m'avez obligé à me plier à vos quatre volontés pendant de longs mois, alors que j'étais faible et écrasé, le directeur général m'a forcé à me soumettre, mais je sais quand même que j'avais raison puisque le nouveau système fonctionne maintenant à merveille. Vous m'avez traîné dans la déchéance et l'humiliation, c'est maintenant à votre tour de payer. Vous m'avez imposé votre loi, à mon tour maintenant de me venger et de vous punir. Le directeur général m'a redonné sa confiance et j'ai bien l'intention d'en profiter.

Devant sa nouvelle attitude, l'antipathie à son égard reprit le dessus. La production était maintenue sur son nouvel air d'aller, grâce aux nouvelles procédures et aux nouvelles habitudes de travail, mais le coeur n'y était pas. Cela suscita beaucoup d'agressivité chez les employés, et les griefs se multiplièrent pour des raisons apparemment anodines. Face à ces griefs, Gabriel adopta une attitude de fermeté qui, malheureusement, n'était pas accompagnée d'écoute et de compréhension. Il provoqua même les griefs par des mesures disciplinaires appliquées à tort et à travers, dans le but évident de se venger et de punir.

Or, l'on sait que les mesures disciplinaires sont essentielles pour la bonne marche d'une entreprise, mais il n'est jamais souhaitable qu'elles soient prises dans un esprit de vengeance ou de punition. Elles sont conçues pour réorienter vers les objectifs de l'entreprise un employé qui s'en est momentanément détourné. Plus la mesure disciplinaire est sévère, plus elle témoigne de la fermeté dans la poursuite des objectifs de l'entreprise. Comme les démonstrations de fermeté ne sont pas toujours nécessaires, on fait habituellement appel à des avertissements moins importants, tels les avertissements verbaux et écrits, lorsqu'un employé n'a eu qu'un égarement mineur ou passager à l'égard des objectifs de son entreprise. Mais l'avertissement le plus sérieux, la suspension, est utilisé pour démontrer une fermeté inébranlable devant des manquements majeurs ou répétés à cette morale de l'entreprise que constituent ses objectifs. Le gestionnaire signifie à l'employé que ces objectifs existent, qu'ils sont définis de telle ou telle façon et qu'il doit s'y conformer s'il désire conserver son emploi, car la prochaine étape, après une ou plusieurs suspensions, est celle du congédiement. Mais il n'y a aucune raison pour que le congédiement soit utilisé comme une mesure vindicative ou punitive, le congédiement n'étant à toutes fins utiles, dans une telle optique de mesures disciplinaires, que la constatation du choix d'un employé de refuser de se conformer aux objectifs de l'entreprise. Avant un congédiement, en effet, l'employé a habituellement été averti à plusieurs reprises et de plusieurs façons de ce en quoi consistaient les objectifs de l'entreprise. S'il décide de ne pas s'y conformer, il est habituellement très conscient de ce qui l'attend. On peut donc dire qu'il choisit de lui-même de quitter l'entreprise.

Gabriel, lui, ne voyait pas du tout ainsi les mesures disciplinaires. Elles étaient pour lui le moyen de prouver qu'il était encore le patron et qu'il détenait l'autorité et le pouvoir. Il ne cherchait pas à être une autorité et à développer un savoir et des connaissances spécifiques. Voyez comme je suis puissant, semblait-il nous dire, en intervenant à tort et à travers avec ses mesures disciplinaires, et comment je puis me venger du peu de respect que vous m'avez témoigné et vous punir pour votre insolence. Ainsi, loin de calmer les esprits et de ré-orienter les employés sur la voie des objectifs de notre organisation, il les exaspérait continuellement par son attitude irrespectueuse et les incitait presque à des mesures de rétorsion. Gabriel et ses subordonnés cherchaient ainsi à se punir mutuellement.

Quant à moi, j'étais de plus en plus ignoré par Gabriel. Il était redevenu fort et il semblait vouloir me le dire par son attitude distante et arrogante. Je recevais pourtant les confidences de plusieurs employés qui se sentaient très malheureux et devenaient de plus en plus agressifs à son égard. C'est alors que je m'aperçus, encore une fois, que je pouvais m'aider énormément moi-même en aidant les autres. Puisque je pouvais de moins en moins parler à Gabriel, vu qu'il m'écoutait de moins en moins et qu'il semblait même prendre un malin plaisir à vouloir me prouver qu'il pouvait fonctionner sans mon aide, je l'aidais malgré lui et sans même qu'il le sache en aidant les employés qu'il dirigeait. Je leur expliquais en effet qu'ils se rendaient un très mauvais service à eux-mêmes en développant de l'agressivité à l'égard de Gabriel, car on n'est habituellement pas heureux quand on est hostile à quelqu'un.

Comment pouvaient-ils croire qu'il était dans leur intérêt de développer de l'agressivité à l'égard de Gabriel et de vouloir se venger de lui? On n'a jamais aucun intérêt à détester qui que ce soit, puisque cela ne peut qu'entraîner un désordre émotif. On peut très bien ne pas apprécier les actes de certains individus sans pour autant détester ces individus. Et je passais beaucoup de temps à expliquer aux employés que, chaque fois qu'ils se disaient à eux-mêmes ou à d'autres que Gabriel n'avait pas le droit de les traiter ainsi, qu'il devrait les considérer et les écouter comme il le faisait si bien durant sa période dépressive et qu'il devrait cesser de vouloir se venger sur eux du fait d'avoir perdu du pouvoir pendant cette même période, ils devenaient hostiles à l'égard de Gabriel, bouillaient de colère et se sentaient sûrement mal dans leur peau.

Je leur expliquais que la seule façon vraiment efficace de se rendre service à eux-mêmes était de se répéter intérieurement ce qui existait dans la réalité, c'est-à-dire que Gabriel avait entièrement le droit de faire ce qu'il voulait de sa vie, même s'il agissait souvent contre son intérêt personnel, qu'il avait le droit d'écouter qui il voulait, de punir qui il voulait et de se venger de qui il voulait si tel était son bon plaisir. C'était sa liberté de personne humaine, et nous ne pouvions rien changer à cette liberté. Oh, ça nous était tous très désagréable, mais ce n'était en rien insupportable puisque malgré tout aucun de nous n'en mourait. En constatant ce qui existait en fait dans la réalité, et y croyant intérieurement, nous pouvions maintenir ou retrouver une assez bonne stabilité émotive.

Cela ne voulait pas dire que nous devions demeurer passifs et ne pas chercher à améliorer notre situation. Y avait-il quelque chose à faire devant cette situation si désagréable? Premièrement, est-ce que nous comprenions ce qui pouvait se passer dans l'esprit de Gabriel pour qu'il adopte un tel comportement? Gabriel n'avait en fait jamais réglé son problème fondamental, même si tel pouvait sembler être le cas après sa période dépressive et même durant sa dépression, période au cours de laquelle il nous avait vraiment écoutés. Il croyait toujours qu'il était le seul à avoir raison. Il croyait qu'on lui devait honneur, obéissance et gloire à lui l'être parfait. Il se blâmait d'avoir été faible pendant sa période dépressive et d'avoir ainsi perdu son port altier. Les autres lui avaient alors enlevé une autorité et un pouvoir qui lui revenaient de droit, c'est pourquoi ils méritaient d'être punis et châtiés. Gabriel semblait en effet penser que nous n'aurions pas dû usurper son pouvoir, puisqu'il cherchait constamment à nous punir d'avoir occupé trop de place pour un temps.

Après avoir essayé de comprendre Gabriel, nous nous sommes demandé quelles étaient les probabilités de succès de nouvelles interventions auprès de lui. Nous en sommes rapidement venus à la conclusion que nos chances d'être écoutés et compris étaient assez minces, qu'il ne serait attentif à nous que si une situation semblable à la première se présentait et si le directeur général intervenait à nouveau pour lui indiquer sa vraie place et une orientation ferme. Nous n'étions ni assez puissants ni assez intéressants pour être écoutés.

La situation ne tarda pas à se présenter au moment de l'implantation de la troisième phase du projet. Même si Gabriel avait accepté, quand il était réceptif, d'apporter à son projet les modifications que nous lui avions suggérées, le climat propice à l'instauration de ces changements n'existait déjà plus; il n'avait existé que pendant une brève période. Gabriel n'avait pas encore compris qu'il était responsable du climat de sa direction, qu'un tel climat pouvait lui faciliter comme lui compliquer les choses, et qu'il avait donc intérêt à y veiller. La troisième phase fut donc introduite dans un climat de suspicion et d'agressivité. La résistance au changement fut ravivée chez l'ensemble des employés, en réaction à l'attitude arrogante et hautaine de Gabriel. J'essayai à nouveau d'intervenir auprès de plusieurs pour leur faire comprendre qu'il faudrait bien vivre avec le changement, que c'était l'avenir et que rien ne servait de s'opposer toujours à l'autorité de Gabriel. Ma démarche fut parfaitement inutile: les employés étaient écoeurés de cette façon cavalière d'introduire des changements qui traduisait un manque de respect évident à leur égard.

La résistance prit cette fois une tournure très combative, car le principal foyer de résistance, dans la direction, fut constitué des principaux chefs de service relevant immédiatement de Gabriel. Ils m'approchèrent discrètement pour que je me joigne à eux. Comme je ne pouvais que constater chez Gabriel le manque évident d'intérêt à changer de comportement, j'acceptai leur proposition. Ce groupe ne s'opposait pas comme tel au changement, mais plutôt à la façon dont Gabriel l'introduisait. C'était une résistance face à la personne de Gabriel et non face à l'autorité qu'il représentait. Nous convînmes que de travailler avec lui, tout en essayant de respecter les objectifs de la direction et de notre organisme, nous demandait trop d'énergie à tous. Une somme incroyable d'énergie était dépensée pour essayer de solutionner des conflits. Nous croyions que le bien de l'ensemble de la direction passait avant le bien particulier de son chef. Une délégation de trois personnes, dont je faisais partie, fut donc chargée de rencontrer le directeur général pour lui demander qu'on nous débarrasse de Gabriel. Nous avions, pour nous appuyer, une requête signée par tous les principaux responsables hiérarchiques et les spécialistes de notre direction. Cette requête faisait état de notre loyauté à l'organisation et à ses objectifs, mais constatait le manque évident d'aptitudes et d'intérêt chez Gabriel à coordonner efficacement notre travail vers l'accomplissement de ces objectifs, le tout sans agressivité ni acrimonie, mais avec un esprit de décision et une fermeté sans équivoque.

Constatant notre détermination et le caractère très sérieux de nos représentations, le directeur général en prit note et nous promit d'analyser attentivement la situation, mais la décision ne se fit pas attendre: Gabriel fut en effet muté temporairement dans un poste de conseiller, poste créé spécialement pour lui afin de lui donner le temps de se réorienter un peu mieux, et je fus encore une fois nommé par intérim à son poste, comme après le départ de Bertrand.

Nous avions hésité longtemps avant d'en arriver à une attaque aussi précise et concertée contre Gabriel, mais il faut bien constater que Gabriel lui-même avait été le plus grand artisan de cette concertation. Il arrive parfois que nous soyons dans l'impossibilité d'aider un patron qui n'y trouve aucun intérêt. La meilleure façon de nous aider nous-mêmes se retrouve alors, bien sûr, dans l'acceptation d'une situation qui est imparfaite, tout en travaillant à l'améliorer. Quand un chef ne peut pas ou ne veut pas coordonner efficacement le travail de ses subordonnés pour l'accomplissement des objectifs de l'organisation, avec fermeté bien sûr, mais également dans le respect de ses subordonnés, il y a cette possibilité d'exercer des pressions pour le changer, avec tous les risques que de telles pressions comportent.

Chapitre IX

Mon patron est injuste
dans ses évaluations

Après le départ de Gabriel, j'exerçai l'intérim pendant quatre mois. Puis Gabriel fut remplacé, suite à un concours, par Thérèse, une femme qui avait choisi l'administration comme carrière. Thérèse était une patronne très efficace et au caractère agréable. Elle eut aussi la chance d'hériter d'une situation saine, après tous les bouleversements que notre direction avait vécus, car elle arriva à la tête de la direction alors que la troisième phase de l'implantation du nouveau système se terminait et que les nouvelles procédures étaient rodées. Thérèse, si elle ne se mettait pas dans la tête de tout bouleverser à nouveau pour mettre la direction à sa main, aurait ainsi la tâche relativement facile. Elle fut en fait très respectueuse de l'histoire vécue par notre direction et convint dès l'abord que le temps se prêtait plutôt à la consolidation. Elle se donna pleinement à cette tâche, avec un respect marqué pour les relations humaines et pour les objectifs de la direction.

Elle était en fait une personne préoccupée des bonnes relations humaines dans sa direction. Il fallait que tout le monde s'entende bien et que tout le monde s'aime, et elle faisait tout pour que les gens se sentent heureux à leur travail.

Elle faussait même les fiches d'évaluation du rendement des employés, toujours dans un sens favorable aux employés, supposément pour les stimuler et les rendre plus efficaces. Je remarquai cette tendance qu'elle avait à évaluer le rendement des employés avec complaisance dès la première fiche qu'elle eut à compléter, comme supérieur immédiat, mais je ne lui en passai la remarque qu'après la sixième évaluation qu'elle eut à faire, ou à modifier puis approuver comme supérieur hiérarchique. On y remarquait toujours la même tendance à vouloir plaire à tout le monde, à ne jamais blesser ni accuser personne et à dire à chacun qu'il était bon. Cette attitude n'avait pas que des mauvais côtés car, se sentant appréciés dans leur travail, les employés cherchaient à continuer de produire pour continuer à être appréciés ou même à améliorer leur rendement pour la même raison. Mais l'exagération posait un problème. Elle faussait souvent la vérité, allant jusqu'à dire aux employés que leurs résultats étaient excellents alors qu'ils n'étaient souvent que simplement bons.

Le problème résidait dans le fait que les employés se comparaient entre eux. Connaissant leur compétence et leur efficacité respectives, et apprenant un jour ou l'autre ce qui avait été inscrit sur la fiche d'évaluation des autres, ils estimaient qu'ils auraient dû avoir une meilleure note que tel ou tel compagnon de travail. Le problème était d'autant plus aigu dans mon cas personnel que je voyais défiler toutes ces fiches d'évaluation élogieuses, fiches dont je pouvais facilement prendre connaissance grâce à mon poste d'adjoint administratif. Aussi, lorsqu'arriva mon tour d'être noté et que je reçus un "très bien" comme note globale, je comparai mon travail avec celui des autres dont j'avais vu la fiche et je constatai que j'aurais alors dû être classé "excellent" si je me comparais aux autres. Et je ne pouvais faire autrement que de me comparer, vu la connaissance que j'avais de toutes les autres fiches. Je pensai que la démarche de Thérèse était profondément injuste et que je ne méritais vraiment pas d'être évalué de la sorte.

Je me retrouvai en train de vivre une légère dépression. Je dis bien "légère", car je procédai à une confrontation écrite dès que je constatai que l'évaluation faite par Thérèse me déprimait. Qu'étais-je donc en train de me dire, comme idées irréalistes, pour me sentir mal dans ma peau? Je retraçai assez rapidement les idées suivantes: puisque Thérèse me donne une note inférieure à celle que j'estime devoir recevoir, c'est qu'elle m'apprécie moins que je ne le croyais, et une telle chose est abominable et effroyable. Elle devrait en fait me préférer aux autres puisque je suis son adjoint et que j'ai même fait un boulot exceptionnel en exerçant l'intérim avant qu'elle n'arrive à la tête de notre direction. Elle ne devrait d'ailleurs pas maintenir un tel système d'évaluation du rendement puisqu'elle veut faire plaisir à tout le monde et qu'elle ne peut plus, de la sorte, discriminer ceux dont les résultats sont vraiment bons de ceux dont les résultats sont médiocres. Une telle situation est souverainement injuste. Thérèse ne devrait pas agir ainsi. J'étais donc quelque peu agressif à son égard.

Je confrontai ces idées irréalistes de la façon suivante. Si Thérèse me donne une note inférieure à celle que j'estime devoir recevoir, cela ne veut pas dire qu'elle m'apprécie moins comme individu puisque, par définition, une évaluation n'est pas une évaluation de l'individu mais plutôt une évaluation de son rendement. Je ne perds jamais ma valeur comme individu, car cette valeur est rattachée au seul fait de mon existence, jamais aux actes que je pose. Or, même si Thérèse essaie continuellement de faire plaisir aux gens et de valoriser les personnes en se servant du système d'évaluation de rendement, moi je sais que ma valeur comme individu reste toujours la même et qu'elle est identique à la valeur de tous les êtres humains. Alors, dans la réalité, que Thérèse m'apprécie plus ou moins que les autres n'a aucune importance. Je n'ai aucunement besoin de son appréciation et de sa considération pour vivre. De plus, vu que j'ai déjà acquis sa considération, je n'ai besoin ni d'en réclamer davantage, ni d'être apprécié plus que les autres. Car les autres ont droit à leur personnalité, comme moi j'ai droit à la mienne, et Thérèse peut apprécier qui elle veut, au degré où elle le veut, cela ne me diminue en rien car ce n'est qu'une question de goût personnel. Tout le monde ne peut m'aimer et n'est pas obligé de m'aimer, car cela dépend du choix de chacun quant aux caractéristiques qui peuvent lui plaire chez moi. Si, en conséquence, Thérèse m'apprécie moins que les autres, cela peut être quelque peu désagréable mais aucunement abominable et effroyable.

Quant à maintenir un tel système d'évaluation du rendement, Thérèse en a parfaitement le droit puisqu'elle le fait effectivement. Je crois personnellement qu'un tel système est pourri puisqu'elle s'attache à donner des bonnes notes à tout le monde plutôt que d'observer et d'analyser les résultats obtenus par chacun. Cependant, cela ne peut en aucune façon constituer une injustice à mon égard puisque, lorsque je regarde la réalité, je vois bien que les choses agréables qui arrivent dans le monde ne sont pas distribuées à chacun selon son mérite. La réalité objective n'est pas constituée d'événements qui sont justes ou injustes. Elle n'est constituée que d'événements, un point c'est tout. Et ces événements n'ont aucune connotation d'aucune sorte, de telles connotations n'étant greffées aux événements que dans l'esprit des gens. Thérèse ne commet donc aucune injustice à mon égard.

Ayant ainsi travaillé sur moi-même pour en arriver à l'acceptation d'une réalité que je trouvais imparfaite, je m'efforçai ensuite de comprendre ma patronne afin de mieux situer mes alternatives. Quelles sont donc les idées qu'entretient Thérèse pour fausser ainsi tout un processus d'évaluation du rendement? Elle est probablement en train de se dire qu'elle a besoin d'être aimée de tout le monde, qu'elle ne peut se permettre de se faire des ennemis et qu'il faut absolument qu'elle donne de bonnes fiches d'évaluation à tous. Or, il n'y a rien dans la réalité qui dise qu'un gestionnaire doit être aimé de tous. C'est un objectif perfectionniste que de le vouloir. C'est donc complètement irréaliste. Thérèse aurait donc avantage, pour un fonctionnement plus harmonieux, à cesser d'exiger d'être aimée de tous. Elle se rend d'ailleurs la vie très difficile, car aucun être humain ne peut être aimé de tous, les goûts étant tellement différents d'une personne à l'autre. De plus, n'est-il pas irréaliste de croire que toute fiche d'évaluation doive être bonne pour éviter de se faire des ennemis? N'est-il pas préférable de se donner plutôt un critère objectif, tels les résultats obtenus, comme critère d'évaluation? En essayant de faire plaisir à tous, Thérèse en arrivait immanquablement à évaluer les individus plutôt qu'à évaluer leurs actes, et les individus réagissaient en cherchant à être aimés plutôt qu'à être vraiment efficaces objectivement. Et dès qu'un individu voyait qu'un autre était mieux évalué que lui-même, comme ce fut effectivement mon cas, il avait tendance à interpréter ça comme une injustice, d'où un risque plus grand pour Thérèse de se faire des ennemis en voulant trop être aimée. C'est curieux de voir comment on réussit parfois à être moins aimé en exigeant de l'être. Aussi bien se donner un seul critère dans les évaluations de rendement, celui des résultats produits, en cherchant à mettre complètement de côté le fait que ces résultats soient produits par telle personne plutôt que par telle autre. Ce n'est pas la personne qu'on évalue, ce sont ses actes.

Or, Thérèse n'avait pas vraiment compris que le processus d'évaluation du rendement visait à évaluer le rendement et non la personne. En évaluant les personnes plutôt que leurs actes, elle s'apercevait probablement, à cause de sa sensibilité aux relations humaines, qu'elle s'érigeait ainsi en juge devant les autres, ce qui lui répugnait profondément. Elle voulait alors atténuer le caractère plutôt altier de cette tâche en donnant de bonnes notes à tous. Elle générait alors un processus de comparaison entre les personnes, les employés sachant bien qu'ils ne produisaient pas tous également de bons résultats, et qu'ils ne devraient donc pas obtenir une évaluation égale. Car l'on se réfère aux évaluations pour les augmentations de salaire, les promotions ou d'autres mouvements relatifs à la répartition du personnel et à la planification des carrières. Et les augmentations de salaire, comme d'ailleurs les différents mouvements du personnel, sont vus par les employés comme des témoignages d'appréciation, ce qu'ils sont d'ailleurs en ce qui concerne les résultats produits. Un problème survient cependant lorsque les employés interprètent ces marques d'appréciation comme étant une confirmation de leur valeur personnelle, un employé estimant alors valoir plus qu'un autre comme individu lorsqu'il gagne un salaire plus élevé. Et il estime déchoir, comme individu, lorsque son salaire est diminué ou reste stable. En effet, lorsque je confonds évaluation de l'individu et évaluation de ses actes ou de ses avoirs, je me condamne à me déprécier à chaque fois que je pose des actes que je juge mauvais ou que je ne parviens pas à obtenir ou à maintenir certains avoirs.

Par ailleurs, une erreur qui se produit souvent dans les évaluations de rendement, autant dans le cas de l'évaluateur que dans le cas de la personne dont le rendement est évalué, est le fait de comparer le rendement d'individus occupant des postes différents. Ainsi, une personne qui n'en est qu'à un stade de débutante dans une entreprise, disons par exemple une sténodactylo, peut obtenir une évaluation de rendement excellente lorsque son rendement est mesuré en fonction des exigences de sa tâche. Et une secrétaire d'expérience, sa voisine, occupant un poste comportant de plus grandes responsabilités, peut alors exiger d'obtenir une évaluation qui soit aussi bonne que celle de sa voisine, oubliant que cette même voisine a des responsabilités beaucoup moindres. Ce qu'elle désire alors, en fait, c'est qu'on la préfère à l'autre comme individu, ou à tout le moins qu'on l'aime autant que l'autre, ce qui ne correspond pas du tout aux objectifs d'un système d'évaluation du rendement. Car un système d'évaluation du rendement existe pour informer les individus quant à leurs résultats en fonction d'une tâche bien précise et d'objectifs bien précis, pas pour établir leur valeur comme personnes humaines, ni pour établir leur degré de popularité et d'acceptation dans l'organisation.

Suite à mes réflexions sur l'évaluation du rendement du personnel, je demandai à Thérèse de la rencontrer pour en jaser. Elle accepta de bonne grâce avec sa disponibilité habituelle. Elle convint d'ailleurs alors qu'elle voulait utiliser les évaluations de rendement pour stimuler les gens mais que, à force de ne donner que de bonnes évaluations pour faire plaisir, elle devenait joliment embêtée. Elle voyait bien que tous les employés se comparaient entre eux et comparaient leur évaluation. Elle décida qu'elle ne pouvait continuer ainsi sans hypothéquer lourdement son administration.

Comme l'organisme était lié par un système d'évaluation du rendement, et que c'était impossible de le changer uniquement dans sa direction, Thérèse accepta donc ce système comme point de départ, tout en réunissant les chefs de service, lesquels relevaient immédiatement d'elle, pour essayer d'en faire ensemble une meilleure utilisation. Il fut alors convenu qu'on ne modifierait pas les évaluations passées, même si elles pouvaient avoir été complaisantes. À l'avenir, on s'attacherait à établir avec chaque employé de la direction, en collaboration avec l'employé concerné et son supérieur immédiat, des objectifs qui soient le plus précis possible pour l'année à venir. Ces objectifs serviraient ensuite de barème pour l'évaluation des résultats, et la fiche d'évaluation existante, mal construite parce que référant trop aux aptitudes individuelles, serait quand même constamment interprétée en se référant aux résultats obtenus. Ainsi, au facteur "initiative", on convenait qu'il s'agissait de l'initiative démontrée dans la poursuite des objectifs préalablement définis par des moyens dénotant le sens de l'innovation de l'individu. On contrecarrait ainsi la tendance chronique des évaluateurs et des personnes dont le rendement était évalué à vouloir être aimés.

Oh, je sais bien que cette formule de compromis n'était pas parfaite et qu'il eût mieux valu changer le système, mais je soutiens que Thérèse l'a amélioré dans les limites de ses moyens. Avec son équipe, elle a utilisé le système existant, très imparfait, pour l'interpréter constamment dans le sens de l'évaluation des résultats. L'idéal serait par contre qu'on ne s'occupe aucunement des aptitudes de chacun mais qu'on se base plutôt, dans la fiche d'évaluation elle-même, sur des objectifs mesurables définis conjointement par le supérieur et le subordonné. À la fin d'une période convenue, on n'aurait qu'à évaluer les résultats obtenus en fonction de ces objectifs. Suivant la réalisation plus ou moins complète de ces objectifs, on pourrait déceler les forces de l'employé concerné de façon à s'orienter vers une meilleure utilisation de ses forces pour l'avenir.

J'en conclus donc que, devant un patron dont les évaluations sont inconsistantes, il est d'abord avantageux de conserver ma propre stabilité émotive en travaillant à l'acceptation d'une situation imparfaite par la confrontation énergique des idées irréalistes pouvant se présenter à mon esprit. Il est ensuite souhaitable d'essayer de comprendre mon patron, pour mieux situer les interventions que je ferai auprès de lui car si je veux l'aider à m'aider, il faut d'abord, bien sûr, lui en parler.

Chapitre X

Aider mon patron à m'aider

Comment donc et pourquoi aider mon patron à m'aider? Pourquoi d'abord la relation de patron à subordonné serait-elle une relation d'aide plutôt qu'une relation de commandement? Car plusieurs patrons considèrent encore que leur position dans la hiérarchie leur confère le pouvoir de commander plutôt qu'une certaine obligation d'aider leurs subordonnés. Pour mieux nous situer, il est important de nous référer à la raison d'être de l'entreprise, c'est-à-dire produire des biens et des services pour la communauté. Nous voyons alors que les patrons sont là pour coordonner tous les efforts des employés qu'ils dirigent afin de les orienter vers l'accomplissement des objectifs de l'entreprise, précisément vers une production spécifique de biens et services. Le critère moral de l'action des patrons, comme d'ailleurs de celle des autres employés, se retrouve donc dans les objectifs de l'entreprise. Il est bien entendu que pour mener à bien sa tâche de coordonnateur pour la réalisation de ces objectifs, le patron a besoin d'un certain pouvoir, la raison d'être de l'autorité étant précisément cette intégration des différentes activités et de tous les efforts des individus vers la réalisation des objectifs de l'entreprise.

Mais on insiste à tort, parfois, sur le pouvoir de commandement du patron. On devrait plutôt mettre en évidence son intérêt à aider ses subordonnés. On reconnaît en effet habituellement quatre aspects différents au travail d'un gestionnaire, soit la planification, l'organisation, la direction et le contrôle. Ces quatre aspects ne constituent que des facettes d'une même mission, soit la poursuite et la réalisation des objectifs de l'entreprise par la coordination des efforts de chacun. La clef de tout ce que fait un gestionnaire se retrouve donc dans les objectifs de son entreprise et non dans son pouvoir de commander. Il est bien entendu que le gestionnaire aura à accomplir des tâches requérant de la fermeté, de la discipline et du contrôle et d'autres qui requièrent de la souplesse et de la compréhension, mais il pourra toujours se référer à ses objectifs pour choisir le comportement approprié. Sa question de référence essentielle sera alors: est-ce que cette mesure est requise pour la réalisation des objectifs de mon entreprise? Quel est le meilleur comportement pouvant me faciliter la réalisation de ces objectifs? Un gestionnaire qui se pose sans cesse cette question constate assez vite que, pour réaliser les objectifs de son entreprise, objectifs pour lesquels il agit comme un des coordonnateurs, il a constamment intérêt à aider ses subordonnés qui sont également embauchés pour réaliser ces mêmes objectifs à un niveau inférieur. C'est pourquoi plusieurs entreprises enseignent à leurs gestionnaires à devenir les premiers assistants de leurs subordonnés. Il s'agit donc premièrement et avant tout d'une relation d'aide. Et, comme toute relation d'aide, cette relation de supérieur à subordonné ne se fait pas dans le laisser-faire et le laisser-aller mais plutôt dans une discipline et une fermeté qui ne se relâchent jamais et qui visent toujours la poursuite des objectifs de l'entreprise. Mon patron a donc intérêt à m'aider: cela fait même partie de l'essentiel de son travail.

Comme subordonné, j'ai également intérêt à faciliter la tâche de mon patron pour que s'accomplissent plus facilement mes objectifs d'employé, objectifs nécessairement reliés aux objectifs globaux de mon entreprise. C'est pourquoi j'ai intérêt à faire de mon patron mon premier assistant, à découvrir ses forces pour solliciter son intervention dans ce sens, pour appuyer et soutenir mon action. Le critère moral de mon action sera, comme pour mon patron, l'accomplissement des objectifs de mon entreprise. Et j'essaierai constamment de les envisager à long terme plutôt qu'à court terme car la perspective est meilleure: on peut mieux juger de ce qui est bon pour l'entreprise et pour soi-même en considérant les choses sur une longue période. Car parfois, avec une perspective rétrécie, on voit à tort certaines orientations comme présentant des avantages alors qu'une vision plus élargie nous permettrait de percevoir ces prétendus avantages comme des inconvénients.

Or, même si tout le monde s'accorde à dire que patrons et employés ont intérêt à travailler en collaboration pour la réalisation d'objectifs communs qui pourront maintenir l'entreprise en vie et les travailleurs dans leur emploi, il existe beaucoup d'obstacles à une telle collaboration. Ces obstacles se retrouvent surtout dans les émotions désagréables vécues autant par les patrons que par les employés, émotions qui diminuent la maîtrise de soi et la stabilité émotive de chacun. Or, cette stabilité est requise pour bien voir les objectifs de l'entreprise et maintenir une grande fermeté quant à leur poursuite et à leur réalisation. C'est pourquoi même les entreprises ont avantage à investir dans le développement d'une bonne stabilité émotive chez leurs employés, cette stabilité étant elle-même le gage d'une saine vision des objectifs. Car si patrons et employés sont émotivement stables, ils pourront s'écouter plus facilement, parler posément de leurs intérêts respectifs et mieux réussir ainsi à les fondre ensemble pour en retirer des profits, chacun de son côté. Car c'est par l'action d'aujourd'hui qu'on bâtit l'avenir, et l'action d'aujourd'hui sera d'autant plus efficace si elle est fondée sur la maîtrise de soi, essentiellement basée sur la maîtrise de ses émotions.

Comme employé, je pourrai efficacement aider mon patron à m'aider seulement si je suis d'abord capable de m'aider moi-même et de maîtriser convenablement mes émotions. Mon but n'est pas de faire disparaître mes émotions, puisque de toute façon je serai toujours un être émotif, mais je vise plutôt à faire disparaître les émotions désagréables qui me nuisent tout en maximisant mes émotions agréables. (Le meilleur livre sur ce sujet, en français, est toujours *S'aider soi-même* de Lucien Auger.) Or, plusieurs émotions désagréables nuisent souvent à l'accomplissement efficace de notre travail. Pour faire disparaître de telles émotions, les neutraliser et même les remplacer par des émotions agréables, il est très important de connaître leur cause profonde, cette cause ne résidant pas dans les événements eux-mêmes, comme nous poussent à le penser les croyances populaires, mais plutôt dans les idées que nous développons dans notre esprit à l'occasion de ces événements.

Ainsi, l'idée que mon patron n'a pas le droit de faire quelque chose qui est contraire à mes désirs ou de ne pas faire quelque chose que je voudrais qu'il fasse déclenchera mon agressivité. Je peux par ailleurs faire disparaître mon agressivité en me répétant qu'il a entièrement le droit d'être différent de moi et d'agir comme bon lui semble, même si cela peut ne pas correspondre à mes désirs. C'est ce qu'on appelle la confrontation d'une idée irréaliste, la réalité résidant fondamentalement dans la liberté de chaque être humain. La philosophie émotivo-rationnelle est donc fondée sur un respect total de l'être humain et sur un principe de tolérance pour soi-même et pour les autres.

L'idée que je n'aurais pas dû faire telle chose ou que j'aurais dû faire telle chose que je n'ai pas faite éveillera ma culpabilité, autre émotion parfaitement inutile qui est un obstacle considérable à une action efficace. Cette émotion disparaîtra elle aussi si elle est confrontée avec la réalité qui m'enseigne que le passé est passé et que je ne peux rien y changer. Si je n'avais pas dû faire telle chose, je ne l'aurais tout simplement pas faite. Mieux vaut concentrer mes efforts de pensée et d'action sur l'avenir puisque c'est seulement là que j'ai quelque chance de succès car on n'a pas encore inventé la machine à régresser dans le temps.

Une autre idée qui est cause d'inhibition de l'action consiste à croire que ma valeur diminue quand je subis des échecs ou quand je n'obtiens pas le salaire que je désire. On a ainsi fortement tendance, dans les milieux de travail, à évaluer les gens d'après le salaire qu'ils gagnent. On confond alors la valeur de la personne, valeur qui ne change jamais et qui est identique pour tous les êtres humains puisqu'elle est reliée à notre simple existence, avec les actes et les avoirs de cette personne. Ainsi, si je me dis que je ne vaux rien et que je suis mauvais, je tombe dans la dépression, et encore là cela nuit considérablement à mon efficacité. La confrontation de cette idée irréaliste se fait par la constatation, dans la réalité, que ma valeur ne change jamais et que je suis différent de mes actes et de mes avoirs. Ma bonté demeure toujours comme être humain du seul fait que j'existe.

Le perfectionnisme consiste en l'idée que je dois être parfait, cette idée étant contredite dans la réalité par la simple constatation qu'aucun être humain ne peut être parfait. L'idée que je dois être aimé de tous et qu'il faut à tout prix que mon patron m'aime est elle-même contredite dans la réalité par la simple constatation que c'est absolument impossible d'être aimé de tous et que chaque patron a ses goûts bien personnels. L'idée qu'il ne doive m'arriver à moi que des choses agréables est assez vite confrontée par la constatation qu'il arrive des choses désagréables à chacun et presque à chaque jour.

Enfin, l'idée que je suis continuellement menacé par de

grands dangers, dangers devant lesquels je suis impuissant, ce qui me cause de l'anxiété, peut être confrontée efficacement par la revue, dans la pratique, de tous les aspects de ces dangers pour mesurer vraiment l'ampleur de la menace. Est-ce que le danger est aussi grand qu'il en a l'air au premier abord? Est-ce que, vraiment, il n'y a rien à faire? Le plus grand danger n'est-il pas, à la limite, que je meure? Or, même là, la mort n'est-elle pas tout simplement inscrite dans la nature de tous les humains? Pourquoi ferais-je exception à la règle générale? Pourquoi donc des événements seraient-ils pour moi abominables, terribles et catastrophiques alors que je les vois comme étant dans l'ordre des choses lorsqu'ils arrivent à d'autres que moi? Pourquoi donc maintenir chez moi une certaine paralysie au niveau de l'action en conservant et en cultivant cette idée génératrice d'anxiété? Je n'ai rien à y gagner. J'ai même avantage à me forcer à l'action malgré une certaine peur, l'action contribuant alors à renforcer l'assurance et la confiance en moi que me donnera la confrontation de cette idée irréaliste.

En travaillant à confronter de telles idées irréalistes, nous essayons d'en arriver à accepter une réalité qui peut nous sembler imparfaite à certains moments. C'est en fait le premier pas à faire devant toute situation qui nous semble désagréable, le grand principe de l'acceptation de choses qui ne dépendent pas de nous étant primordial selon la philosophie émotivo-rationnelle. Ce principe nous assure d'une bonne stabilité émotive grâce au merveilleux moyen que constitue la confrontation. Mais ce principe est joliment renforcé par un second principe, celui de l'action pour tout ce qui dépend de nous. Car la philosophie émotivo-rationnelle n'est pas une philosophie de la passivité mais plutôt une philosophie de l'action. Quand on y pense d'ailleurs un peu, le principe de l'action pour ce qui dépend de nous trouve lui-même une certaine justification dans le principe de l'acceptation de tout ce qui ne dépend pas de nous. Les autres n'étant pas à notre service et ayant le droit de faire ce qu'ils veulent de leur vie, incluant le droit de nous créer des embêtements, il est logique que la responsabilité de travailler à nous rendre à nous-mêmes la vie agréable soit la nôtre et que nous ayons donc nous-mêmes la responsabilité de toute action en ce sens. Nous pouvons ainsi, tout en acceptant des situations qui nous semblent désagréables à certains moments, travailler activement à les améliorer et à les changer pour un avenir meilleur. Et si nous ne travaillons pas en ce sens, nous n'avons qu'à en assumer les conséquences.

Me voilà donc, après avoir accepté que mon patron soit imparfait et qu'il me cause à l'occasion des embêtements, en train de travailler à l'aider pour améliorer ma situation par pur intérêt personnel. Si un patron a, comme part importante de son travail, à m'assister pour que j'atteigne mes objectifs, objectifs qui sont d'ailleurs liés aux siens, j'ai intérêt à collaborer avec lui de la façon la plus efficace possible afin qu'il devienne mon meilleur assistant. Car il y a des choses qui dépendent de moi, comme employé, dans ma relation avec mon patron et il n'y a souvent que moi qui puisse alors poser des actes qui risquent d'améliorer cette relation.

Au niveau de l'action, comment donc aider mon patron à m'aider? Mon premier mouvement, à ce niveau, sera d'abord de bien m'assurer que je sais où je vais pour mieux y aller. J'aurai donc intérêt à essayer de comprendre mon patron en me mettant à sa place. C'est ce qui s'appelle de l'empathie. Il est important de distinguer ici empathie et sympathie, la sympathie consistant à éprouver la même émotion qu'une autre personne, donc de pleurer avec ceux qui pleurent, tandis que l'empathie nous permet de comprendre l'émotion vécue par l'autre personne sans la vivre nous-mêmes, de telle sorte que nous sommes alors bien plus en mesure de l'aider. Et pour découvrir vraiment ce que vit mon patron, je dois me mettre à son écoute, c'est-à-dire cesser momentanément de regarder les situations de mon point de vue pour me mettre à sa place et essayer de les envisager selon son point de vue. Je cherche à découvrir les sentiments de mon patron. C'est ainsi que je pourrai voir que mon patron vit des émotions, comme moi, et qu'il est à certains moments anxieux, agressif, perfectionniste, dépressif ou qu'il se sent coupable. Comme je sais que mes actions et mes réactions devant ses agissements vont influencer mon patron, c'est à moi de choisir alors les actions les plus efficaces pour favoriser mes intérêts. Puisque mon patron est mon premier assistant, il me revient de l'utiliser au mieux et de le rendre efficace.

Ayant compris les émotions vécues par mon patron, j'aurai donc intérêt à me poser cette question fondamentale: quelles sont les actions les plus susceptibles de rendre efficace ce premier assistant? On peut répondre tout de suite que le blâme et l'évaluation ne sont jamais efficaces car le blâme agit en renforçant le blâme que le patron a souvent tendance à s'adresser à lui-même, accentuant son sentiment de culpabilité et le rendant plus agressif s'il vit déjà de l'agressivité. De même, l'évaluation et la condamnation des gestes posés par mon patron ne peuvent que renforcer l'évaluation qu'il fait de lui-même, se disant que sa valeur est diminuée par de mauvaises décisions ou de mauvaises opérations. Aussi bien donc mettre résolument de côté le blâme et l'évaluation. En fait, il s'agit plutôt d'adopter une attitude de respect à son égard,. car il a le droit d'être ce qu'il est et de faire ce qu'il veut de sa vie, même s'il arrive que ses décisions me créent des embêtements et me rendent parfois même moins efficace.

Je m'attacherai plutôt à considérer les objectifs de mon organisation en essayant de les envisager à long terme plutôt qu'à court terme, pour une meilleure perspective. Si je constate alors que je ne peux concilier mes objectifs personnels avec ceux de l'organisation, je n'aurai pas d'autre choix que de travailler à quitter cette organisation. Si je décide de rester membre de l'organisation, j'aurai alors intérêt à faire miens les objectifs de l'organisation, mes objectifs d'employé correspondant alors à une partie des objectifs de l'organisation.

Mon intérêt repose souvent dans la recherche des forces de mon patron, pour utiliser ces forces à mon avantage comme appui dans la poursuite et la réalisation de mes objectifs. Peu de patrons refuseront de faire les interventions d'appui qu'on leur demandera car c'est flatteur que de se faire demander de telles interventions. Ces interventions vont d'ailleurs exactement dans le sens du travail d'un patron qui est d'aider ses subordonnés dans la poursuite et la réalisation de leurs objectifs. Comme les forces de mon patron correspondent habituellement à ses intérêts, je stimulerai ses intérêts, sachant qu'ils constituent également sa plus grande motivation à l'action.

Je ne cesserai pas de me poser la question suivante: qu'est-ce que je peux faire pour améliorer ma contribution et gagner l'appui de mon patron? Y a-t-il quelque chose à faire? Quand je me pose à moi-même cette question et que j'examine toutes les possibilités d'actions, je manque presque toujours de temps pour les essayer toutes.

Bibliographie

Auger, Lucien, *S'aider soi-même*, Éditions de l'Homme, Montréal, 1974.

Auger, Lucien, *Communication et épanouissement personnel — la relation d'aide*, Éditions de l'Homme, Montréal, 1972.

Drucker, Peter F., *Management: Tasks-Responsibilities-Practices*, Harper & Row, New York, 1973.

Drucker, Peter F., *Managing in Turbulent Times*, Harper & Row, New York, 1980.

Ellis, Albert, *Executive Leadership, a Rational Approach*, Citadel Press, Secaucus, N.J., 1972.

Houde, Eugène, *Émotivité et efficacité au travail*, Éditions de l'Homme, Montréal, 1982.

L'approche présentée dans ce livre se répand de plus en plus dans les milieux de travail. Des sessions de formation sont organisées par:

Formation 2000 Inc.
7495 Marisa
Brossard J4Y 1J7
P.Q. Canada
Téléphone: (514) 656-8269
Télécopieur: (514) 656-9206

Table des matières

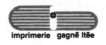

imprimerie   gagné ltée

IMPRIMÉ AU CANADA